O ESTADO SOCIAL E DEMOCRÁTICO E O SERVIÇO PÚBLICO
Um Breve Ensaio sobre Liberdade, Igualdade e Fraternidade

Luis Manuel Fonseca Pires

Dinorá Adelaide Musetti Grotti
Prefácio

O ESTADO SOCIAL E DEMOCRÁTICO E O SERVIÇO PÚBLICO
Um Breve Ensaio sobre Liberdade, Igualdade e Fraternidade

2ª edição

Belo Horizonte

2012

© 2011 Editora Fórum Ltda
2012 2ª Edição

É proibida a reprodução total ou parcial desta obra, por qualquer meio eletrônico, inclusive por processos xerográficos, sem autorização expressa do Editor.

Conselho Editorial

Adilson Abreu Dallari
Alécia Paolucci Nogueira Bicalho
Alexandre Coutinho Pagliarini
André Ramos Tavares
Carlos Ayres Britto
Carlos Mário da Silva Velloso
Carlos Pinto Coelho Motta (in memoriam)
Cármen Lúcia Antunes Rocha
Cesar Augusto Guimarães Pereira
Clovis Beznos
Cristiana Fortini
Dinorá Adelaide Musetti Grotti
Diogo de Figueiredo Moreira Neto
Egon Bockmann Moreira
Emerson Gabardo
Fabrício Motta
Fernando Rossi
Flávio Henrique Unes Pereira

Floriano de Azevedo Marques Neto
Gustavo Justino de Oliveira
Inês Virgínia Prado Soares
Jorge Ulisses Jacoby Fernandes
José Nilo de Castro (in memoriam)
Juarez Freitas
Lúcia Valle Figueiredo (in memoriam)
Luciano Ferraz
Lúcio Delfino
Marcia Carla Pereira Ribeiro
Márcio Cammarosano
Maria Sylvia Zanella Di Pietro
Ney José de Freitas
Oswaldo Othon de Pontes Saraiva Filho
Paulo Modesto
Romeu Felipe Bacellar Filho
Sérgio Guerra

Luís Cláudio Rodrigues Ferreira
Presidente e Editor

Coordenação editorial: Olga M. A. Sousa
Supervisão editorial: Marcelo Belico
Revisão: Adalberto Nunes Pereira Filho
Bibliotecária: Lissandra Ruas Lima – CRB 2851 – 6ª Região
Indexação: Clarissa Jane de Assis Silva – CRB 2457 – 6ª Região
Projeto gráfico: Walter Santos
Capa: Derval Braga
Diagramação: Equipe Fórum
Imagem da capa: Criação sobre *La Liberté guidant le peuple*, pintura de Eugène Delacroix

Av. Afonso Pena, 2770 – 15º/16º andares – Funcionários – CEP 30130-007
Belo Horizonte – Minas Gerais – Tel.: (31) 2121.4900 / 2121.4949
www.editoraforum.com.br – editoraforum@editoraforum.com.br

P667e   Pires, Luis Manuel Fonseca

        O Estado social e democrático e o serviço público: um breve ensaio sobre liberdade, igualdade e fraternidade / Luis Manuel Fonseca Pires; prefácio de Dinorá Adelaide Musetti Grotti. 2. ed. Belo Horizonte: Fórum, 2012.

        133 p.
        ISBN 978-85-7700-581-9

        1. Direito administrativo. 2. Direito constitucional. I. Grotti, Dinorá Adelaide Musetti. II. Título.

CDD: 341.3
CDU: 342.9

Informação bibliográfica deste livro, conforme a NBR 6023:2002 da Associação Brasileira de Normas Técnicas (ABNT):

PIRES, Luis Manuel Fonseca. *O Estado social e democrático e o serviço público*: um breve ensaio sobre liberdade, igualdade e fraternidade. 2. ed. Belo Horizonte: Fórum, 2012. 133 p. ISBN 978-85-7700-581-9.

Liberdade

À profa. Lúcia Valle Figueiredo, o meu sentimento de que encontre a paz, prossiga em sua trajetória sob a luz, e consuma a plena libertação do espírito.

Igualdade

Ao prof. Clovis Beznos, mestre e amigo que muito estimo, partícipe fundamental da minha formação acadêmica, e quem me confia iguais oportunidades.

Fraternidade

À minha mulher, Aline, ao meu filho, Emanuel, porque em família me ensejam compreender o amor incondicional, átimo primeiro e insuperável ao ideal amor indistinto a toda humanidade.

Aos meus pais, Manuel e Fernanda, sempre, e simplesmente por tudo.

Aos meus irmãos e cunhadas, Marcos e Andrea, Carlos e Elda, e Sandra, companheiros da vida.

Aos meus irmãos em espírito, Carmem e Oscar.

Ao velho amigo, *Montanha*.

SUMÁRIO

PREFÁCIO
Dinorá Adelaide Musetti Grotti 11

CONTEXTUALIZAÇÃO 21

CAPÍTULO 1
LIBERDADE, IGUALDADE E FRATERNIDADE 29

CAPÍTULO 2
A LIBERDADE É AZUL 43

CAPÍTULO 3
A IGUALDADE É BRANCA 63

CAPÍTULO 4
A FRATERNIDADE É VERMELHA 81

CAPÍTULO 5
ESTADO SOCIAL E DEMOCRÁTICO, SERVIÇO
PÚBLICO E FRATERNIDADE 101
5.1 Serviço público e liberdade 102
5.2 Serviço público e igualdade 110
5.3 Serviço público e fraternidade 114

REFERÊNCIAS 125

ÍNDICE DE ASSUNTO 127

ÍNDICE ONOMÁSTICO 131

Prefácio

Dando continuidade às obras já publicadas — *Controle judicial da discricionariedade administrativa: dos conceitos jurídicos indeterminados às políticas públicas; Limitações administrativas à liberdade e à propriedade; Regime jurídico das licenças;* e *Loteamentos urbanos* — e que constituem referência no cenário jurídico nacional, Luis Manuel Fonseca Pires traz agora a público um ensaio sobre *liberdade, igualdade* e *fraternidade*, princípios esses que sintetizam o programa de toda uma ordem social.

Partindo da contextualização do tema no cenário da Revolução Francesa, procede à análise do processo de amadurecimento racional e filosófico nesse período e nas etapas a ele anterior e posterior, no que tange aos valores liberdade, igualdade e fraternidade.

Luis Manuel Fonseca Pires, neste ensaio, soube, de maneira precisa, didática e harmoniosa, através de uma "prosa reflexiva sobre fragmentos do caminho da humanidade" contextualizar esses três princípios na perspectiva do Estado de Direito, relacionando-os ao serviço público.

Aborda "liberdade, igualdade e fraternidade" como valores, virtudes, que, entrelaçados, se fundem e confundem a outro valor igualmente almejado e perseguido, a justiça, que os abarca e concretiza.

Esta obra tem como diretriz a busca de respostas para três questionamentos: o que vem a ser Estado Social; qual a sua relação com serviço público e, principalmente, como ambos devem ser compreendidos frente ao direito posto, à nossa realidade jurídica e à Constituição Federal de 1988.

Liberdade, igualdade, fraternidade, são, por si só, o programa de toda uma ordem social, que realizaria o progresso mais absoluto da Humanidade, se os princípios que representam pudessem receber sua inteira aplicação.

A *liberdade* nasce com o indivíduo, atinge o consciente coletivo dos povos e produz fatos extraordinários. O sentimento de liberdade é o bem mais caro ao coração de um homem; e não há nada que o deprima tanto quanto a opressão da escravidão, o encarceramento da consciência e a privação da liberdade.

A *igualdade* constitui um ideal da organização social, pela qual lutou a humanidade, à medida que ia avançando no caminho de sua evolução. Essa luta dura até hoje, porque a divisão das nações, em sistemas políticos, das comunidades, em classes sociais, e dos indivíduos, em posições econômicas, morais e intelectuais, prejudicam os esforços em benefício da igualdade irrestrita.

A *fraternidade* é considerada como a conduta que norteia a vida de um indivíduo. Ela é desejada, reclamada e fixada como objetivo de todas as religiões, instituições sociais, partidos políticos etc., estabelecendo o altruísmo contra o egoísmo, a benevolência contra a malevolência, a tolerância contra a intolerância, o amor contra o ódio. Na rigorosa acepção da palavra, resume todos os deveres dos homens relativamente uns aos outros. Considerada do ponto de vista de sua importância para a realização da felicidade social, a fraternidade está em primeira linha: é a base; sem ela não poderia existir nem igualdade e nem liberdade sérias; a igualdade decorre da fraternidade, e a liberdade é a consequência das duas outras.

Esses três princípios são, pois, solidários uns com os outros e se servem mutuamente de apoio;

sem sua reunião, o edifício social não poderia estar completo

Esses princípios iluministas, que levaram à aprovação da primeira Declaração dos Direitos do Homem e do Cidadão pela Assembleia Nacional Constituinte francesa, ainda em 1789, proclamavam, universalmente, as liberdades e os direitos fundamentais do homem. O texto, com mais de dois séculos, serviu de base para a Declaração Universal dos Direitos Humanos, documento promulgado pela Organização das Nações Unidas em 1948, e ainda em vigor na sociedade globalizada do século XXI.

A contemporaneidade dos princípios que nortearam, há 220 anos, a Revolução Francesa — Liberdade, Igualdade e Fraternidade — pode ser comprovada no fato de que estes princípios se refletem em diversas decisões recentes do Supremo Tribunal Federal (STF), instância máxima do Judiciário brasileiro e guardiã da *Constituição Federal*.

Tais decisões dão a esses valores uma dimensão real, diante das peculiaridades históricas e culturais das diversas sociedades. Liberdade e igualdade são valores indissociáveis no Estado democrático de Direito; porém, deve-se destacar que pouca atenção se tem dado ao terceiro valor fundamental da Revolução Francesa, que é o da fraternidade.

Não é possível que, em pleno século XXI, estejamos desinteressados do ideal antigo (mas sempre atual) de Liberdade, Igualdade e Fraternidade, lema da Revolução Francesa que serviu de base para que a doutrina identificasse as três primeiras dimensões dos direitos fundamentais.

Nesse sentido, Luis Manuel destaca a atividade do serviço público como um instrumento de satisfação direta e imediata dos direitos fundamentais, entre os quais avulta a dignidade humana. O serviço público existe porque os direitos fundamentais não podem deixar de ser satisfeitos.

"É talvez no serviço público onde estão expressos dois dos valores mais importantes das democracias modernas: os valores da dignidade humana e os da igualdade".

O desenvolvimento do serviço público deu-se justamente em torno da ideia de igualdade, ou seja, de um desenvolvimento histórico de repúdio ao acesso restrito da generalidade da população ao público. O serviço público passou a ser observado como algo que é aberto à generalidade da população, justamente como público que é, e não mais como benesse ou privilégio do regime antigo.

A prestação do serviço deve ser igual para aqueles que se encontrem em situações comparáveis, respeitadas as distinções de suas condições, que conduzam a eventuais diferenças de cuidados. O princípio da igualdade perante os serviços públicos, conforme afirma Souvirón Morenilla, afeta o próprio núcleo do serviço público como instituição jurídico-pública como uma atividade não regida pelas leis de competição e de livre decisão empresarial

Não há como ser livre e igual sem a prestação de serviços públicos, segundo defende, coerentemente, Cesar A. Guimarães Pereira, e garantir o acesso a eles é de essencial importância no sentido de promoção da igualdade social. Os serviços públicos são instrumentos que possibilitam a realização material desse princípio constitucional.

Valendo-se de um inteligente recurso metodológico, faz um paralelo entre a trilogia de Kieslowski — "A liberdade é azul", "A igualdade é branca", "A fraternidade é vermelha" —, o movimento da Revolução Francesa e o período do Terror que a sucedeu.

Ao mesmo tempo em que remete a inúmeras reflexões sobre liberdade, tolerância, responsabilidade, respeito à manifestação do pensamento, proteção à propriedade, livre arbítrio, igualdade, equidade, fraternidade, perdão, recomeço, solidariedade, promoção da justiça, o autor destaca a flagrante contradição na aplicação desses valores pelos revolucionários, que, travestidos, passam a ser aplicados com o sentido de revanche, indiferença, autoritarismo, intolerância. Assim, liberdade passa a ser sinônimo de liberdade para caluniar e reprimir ("lei dos suspeitos"), igualdade e justiça passam a ser identificadas com vingança, fraternidade transmuta-se em desconfiança, intolerância e ódio.

Nos quatro primeiros capítulos procurou expor o que entende por Estado Social e Estado Democrático de Direito com o fito de responder à primeira das suas três indagações: o que é o Estado Social? Nesse sentido, destaca que "o compromisso ético-jurídico do Estado de Direito Social e Democrático" é "reafirmar a liberdade e a igualdade, e encontrar, pela primeira vez, a fraternidade".

Na sequência, finalizando a sua proposta, busca destacar o significado do serviço público na Constituição brasileira de 1988. Para tanto, aborda as ligações existentes entre o serviço público e cada um dos valores do ideário revolucionário, respondendo, assim, aos seus outros dois questionamentos: qual a relação do serviço público com este modelo de Estado, e como o serviço público e o Estado Social devem ser compreendidos diante da Constituição Federal de 1988. O serviço público, aí, aparece como instrumento da solidariedade.

Através de um percurso intelectual meticulosamente traçado, perpassando as diferentes etapas do Estado Social, contextualiza esses valores na Carta Magna brasileira, ressalta o significado que aí adquirem e destaca que liberdade, igualdade, fraternidade e justiça são virtudes presentes e encampadas por nossa Constituição, concluindo que, em "um Estado fraterno, reafirmativo da liberdade e da igualdade, o serviço público é o instrumento de realização da fraternidade".

Percebe o serviço público como uma atividade cujo contorno jurídico deve ter como focos principais o respeito à liberdade dos cidadãos, "a redução das desigualdades e a promoção de oportunidades para minimizar as diferenças sociais".

Ao final do seu ensaio, conduz o leitor à conclusão de que "sociedade livre, justa e solidária significa *liberdade, igualdade* e *fraternidade*". Valendo-se de narrativa clara e vibrante, Luis Manuel produziu um estudo que, embora muito tenha a contribuir para a área jurídica, a ela não se adscreve, apresentando a rara qualidade de ser acessível a uma vasta e variada gama de leitores.

A excelência do autor, a contemporaneidade do tema, o caráter multidisciplinar do trabalho, a lucidez no tratamento dos assuntos, permitem profícua leitura desta obra, plena de vigor intelectual, atual e instigante.

São Paulo, 24 de outubro de 2010.

Dinorá Adelaide Musetti Grotti

Mestre e Doutora em Direito pela PUC-SP.
Professora na graduação e
na pós-graduação da PUC-SP.

Contextualização

Um ensaio. É o que proponho. Uma prosa reflexiva sobre fragmentos do caminho da humanidade. Por breves e pontuais lembranças que particularmente me comovem, anseio dividir alguns pensamentos que nutro sobre o estágio do amadurecimento da razão humana no final do século XVIII, em particular junto à Revolução Francesa, a respeito dos valores liberdade, igualdade e fraternidade, e o que estes nos representam perante a Constituição Federal da República Federativa do Brasil de 1988.

O intento pessoal que compartilho com o leitor é compreender — ou tentá-lo, ao menos — o momento histórico contemporâneo quanto ao sentido legítimo, sob o prisma jurídico-político, do Estado Social e junto a ele o papel do serviço público. Por Estado Social, adianto logo, quero abreviar o termo *Estado de Direito Social e Democrático*, do qual a Constituição Federal de 1988 — escopo final deste texto — é exemplo de sua realização ao menos no plano textual.

Centro-me na Revolução Francesa, momento inaugural do Estado de Direito. Cuidarei do que veio antes e levou a plenificar o ideário revolucionário, e do que se seguiu depois: as frustrações que conduziram ao Estado Social (na acepção estrita do termo), e por fim, depois da Segunda Guerra Mundial, ao Estado Social e Democrático de Direito (ou Estado Social em sentido amplo).

Opto por um texto livre em minha exposição porque sem me furtar ao aprofundamento necessário quando me parecer indispensável (assim espero fazê-lo), em outras passagens concentro a lembrança à essência do que me convém ao ritmo do discurso e do texto. Mas tomo ainda o ensaio por recurso expositivo porque reputo que a opinião individual, minhas idiossincrasias, as particulares leituras que me clamam o interesse, sujeitas às convicções, capacidades e deficiências que me são tão pessoais, não poderiam melhor se apresentar de outro modo.

A inspiração ao tema encontro na apresentação ao XXIV Congresso Brasileiro de Direito Administrativo, realizado entre 14 e 17 de setembro de 2010 na cidade de Belo Horizonte, Minas Gerais, oportunidade na qual o então presidente do Instituto Brasileiro de Direito Administrativo, prof. Dr. Clovis Beznos, em fala publicada no respectivo sítio eletrônico, em contemplação à nossa Constituição Federal de 1988 afirmou que o atual modelo de Estado é (...) "de um lado, liberal, de outro social, e finalmente solidário".

Mas um esclarecimento mais nestas preliminares é ainda necessário. Referir-me-ei à liberdade, à igualdade e à fraternidade indistintamente como "valor" ou "virtude". Considero, como Jean-Paul Resweber, os valores como meios, e se vocacionados ao Bem, são virtudes. Tomo-os, a estes valores específicos (liberdade, igualdade e fraternidade), ao mesmo tempo como *modelos* e *referências*. São modelos por serem ideais que decorrem de duas instâncias, uma racional que se expressa por meio de arquétipos universais, outra cultural por representar tipos-ideais adaptados às circunstâncias históricas concretas — no caso, primordialmente junto aos dez anos que se seguiram à queda da Bastilha (14 de julho de 1789). E referenciais porque, como diz Resweber, são limites e direções ao nascerem do confronto entre a situação concreta e os modelos que lhes servem de referência.[1]

---

[1] *A filosofia dos valores*, p. 13, 29, 38, 91 *et seq.*

É sob estas premissas que espero tratar destes valores, destas virtudes: liberdade, igualdade e fraternidade. Valores que se amalgamam, ainda sob o prisma filosófico, a outra que as traz em seu bojo, a justiça. Para Aristóteles — e adiro à sua lição — a justiça detém o lugar de honra entre as virtudes, pois é a aplicação de todas elas. Em palavras suas, "Com efeito, a justiça é a forma perfeita de excelência moral porque ela é a prática efetiva da excelência moral perfeita".[2] Tal como em Platão, para quem a justiça é a virtude que sintetiza as demais, notadamente a coragem, a sabedoria e a temperança,[3] mas acrescendo em mesmo destaque: a liberdade, a igualdade e a fraternidade.

Portanto, diria que a causa final a mover-me por esta vereda pode ser vertida à intenção de responder a três perguntas: o que é o Estado Social (digo, em sentido estrito, Estado de Direito Social e Democrático)?; qual a relação do serviço público com este modelo de Estado?; e principalmente, como o serviço público e o Estado Social, em

---

[2] *Ética a Nicômacos*, p. 93.
[3] *A república*, livro IV.

considerando o direito posto, a nossa realidade jurídica, a Constituição Federal de 1988, devem ser compreendidos?

Com este propósito, ao ensaio.

LIBERDADE, IGUALDADE E FRATERNIDADE

Capítulo 1

Liberdade, Igualdade e Fraternidade

França, 21 de setembro de 1790. Há pouco mais de um ano havia ocorrido a queda da Bastilha, o que precedida à convocação dos Estados Gerais dá início à Revolução Francesa que se conduziria por dez anos marcados pela violência e o terror. Na data assinalada a Assembleia Nacional decretava a bandeira tricolor em substituição à bandeira branca. Azul, branco e vermelho passariam a representar o novo Estado, o rompimento com o regime absolutista de uma monarquia despótica e a inauguração, sob o império das luzes da razão, do Estado de Direito. São criados clubes políticos, dentre eles os conhecidos Jacobinos e os Cordeliers. A República Francesa ainda aguardaria mais dois anos a ser fundada, apenas em 19 de outubro de 1792 é que se contemplaria este ideal.

Narra o historiador francês Max Gallo[4] que no ano seguinte à nova bandeira, portanto, em 1791, o livreiro-editor Antoine Momoro, que havia lutado contra o Antigo Regime, sobretudo com a impressão e a venda a preços módicos de textos que apoiavam a revolução, e por isto o tornariam conhecido como "o primeiro impressor da liberdade", cunhou o que seria a divisa da República, *Liberdade, Igualdade e Fraternidade*.

Três cores, três virtudes. No curso da história as associações seriam, por poetas, pensadores, artistas em geral, inevitavelmente celebradas. As cores vieram antes da popularização do dístico revolucionário, e nem se pode especular que as virtudes pudessem ser concebidas para em número ou em tom terem espaço em uma bandeira. Apenas se encontram, cores e valores, em afirmação estética e textual do que desejava aquele povo.

Curiosamente, e como pretendo esclarecer o porquê ao longo deste texto, a própria ordem anunciada — liberdade, igualdade e fraternidade — retrataria a história e o futuro, o evolver da

---

[4] *Revolução Francesa*, v. 2, p. 108.

capacidade humana de vivência, compreensão e introjeção destes mesmos valores. Ao alcance da maturidade da razão àquela época, a legenda grafada anunciava, sem nem mesmo se aperceberem os revolucionários, um vaticínio do que nos próximos duzentos anos firmar-se-ia como um progresso lento, recorrentemente titubeante, das conquistas das sociedades políticas ocidentais.

Mas antes de cuidar de cada um destes primordiais valores revolucionários, creio ser indispensável conscientizarmo-nos do que realmente foi combatido e levado ao chão com a queda da Bastilha. Com a Revolução Francesa principia-se o Estado de Direito,[5] e inaugura-se pelo modelo *Liberal*, e só depois de mais um século de experiência transmuta-se, já no início do século XX, em *Social*, para ainda mais adiante, após a Segunda Guerra Mundial, apresentar-se a forma *Democrático e Social*. Tornarei mais à frente a referir-me

---

[5] Não considero, como havia adiantado, as particularidades das histórias americana e inglesa, ainda indiscutivelmente relevantes. As treze colônias inglesas da América do Norte proclamaram sua independência em 1776. O Estado de Virgínia neste mesmo ano adotou sua Constituição, o que influenciou a elaboração da Constituição dos Estados Unidos da América que foi aprovada posteriormente, em 1787. Faço um corte metodológico premido — o que é natural — pela brevidade e as escolhas que me impus.

sobre estas convolações. O que me interessa ainda nesta introdução é retratar qual o real *Leviatã* que a Revolução derrubou.

O que foi deixado para trás era o Estado de Polícia, qualificado pela monarquia absoluta, sob o fundamento de um despotismo legítimo porque conduzido pela representação divina personificada na figura do Rei. É esta origem divina do poder atribuído ao soberano o principal escolho derruído pelas penas dos pensadores do iluminismo. Pois não se tratava de uma teoria reservada a particular região do país ou simpática a determinada ideologia predominante. A noção de mandato sagrado grassava por toda a cultura europeia, comum à classe que dela diretamente se beneficiava, é claro, como a realeza e o clero, e convenientemente aceita pela nobreza, mas ainda e assustadoramente natural aos oprimidos pela tirania dos caprichos reais, o povo.

Em uma ensombrada platitude intelectual, quem da régia autoridade beneficiava-se ou quem dela sofria o grilhão, em comum se admitia existir uma ordem irracional e superior a justificar a alguns poucos a concentração de toda a força bruta sobre todos que se encontrassem naquele território de modo a submeterem-se aos seus intermináveis caprichos e excêntricos luxos de suas famílias, ainda à custa da miséria alheia.

Os principais pensadores cujas ideias iluminaram a razão e permitiram suplantar séculos de tradição da suposta outorga divina à representação política sequer estavam vivos à época da Revolução. No entanto, suas palavras, teorias em profusas obras produzidas por todo o século XVIII, foram convenientemente apropriadas pela burguesia que sob discursos escorados nestas reflexões incitou o povo à derrubada do Antigo Regime, o Estado de Polícia.

É esta etérea e onipresente cultura da *autoridade paterna* o verdadeiro Leviatã vencido pelo iluminismo. Esta concepção remonta às culturas greco-romanas e judaico-cristãs. Luigi Zoja[6] recorda que as referências ao matriarcado são de épocas em que não havia a escrita, e portanto as reconstruções a respeito da liderança da mulher nas civilizações arcaicas apresentam poucas

---

[6] Psicólogo italiano, foi professor no Instituto Carl Gustav Jung, na Suíça, e presidente da Associação Internacional de Psicologia Analítica. A referência que faço é do livro *O pai*: história e psicologia de uma espécie em extinção, p. 64-65.

certezas e muitas especulações. O que mesmo se conhece é a noção patriarcal da cultura grega na qual mesmo a elaboração das divindades regentes da sorte do cosmos e da humanidade, a despeito do seu politeísmo, tem na figura de um homem, Zeus, a principal autoridade. A tradição é assimilada pela cultura romana e o patriarcado indiscutivelmente se perpetua. É o mito da geração paterna que conduziria à formulação de um poder arbitrário do pai romano a quem seria confiada a capacidade de decidir pela vida ou morte dos seus filhos. Ritualiza-se a paternidade porque a relação biológica nada diz — ao menos até Justiniano. Por um ato formal (...) "o pai eleva publicamente o filho (no caso de uma filha, limita-se a ordenar que ela seja alimentada), indicando, assim, que assume a responsabilidade por ele".[7] É o homem, o pai, investido por vontade dos deuses, na regência da família, e em sequência natural na própria sociedade. Por "pátria" não se sugeria o que hodiernamente se pensa, "a minha terra", mas era sim "a terra paterna", a quem pertenço, o meu pai, por vontade dos deuses.

---

[7] *Op. cit.*, p. 151-152.

As tradições judaicas e cristãs, mesmo com as conhecidas rupturas em suas crenças (ao contrário do forte continuísmo e absorção da cultura grega pelos romanos), além de em comum apresentarem o monoteísmo, coincidem com os costumes e a mitologia greco-romana ao reafirmarem o patriarcado. Segundo o Antigo Testamento, Deus primeiro cria Adão, depois Eva. Primeiro o homem, portanto. A ele, Adão, o poder paterno é atribuído e segue sua senda, por seus descendentes, até o dilúvio, e depois prossegue com Noé e seus filhos até o cativeiro dos hebreus no Egito quando então a paternidade é subjugada. Todavia, Deus restabelece o antigo e primordial direito de sucessão linear no governo paterno — a salvação é alcançada por intermédio de outro homem, Moisés, o pai do povo hebreu. É a consagração definitiva do *direito natural ao régio poder*. Como diria John Locke, eis aí (...) "o resumo de todos os argumentos em favor da 'soberania de Adão'."[8] (...) A autoridade de Adão fundamenta a inexistência da liberdade natural; o domínio que lhe foi outorgado sobre Eva e seus filhos é a

---

[8] *Dois tratados sobre o governo*, p. 217.

justificação que seria elaborada no curso da Idade Média para atribuir ao soberano o domínio sobre os seus súditos.

Durante o Império Romano este estreitamento entre a força política e a religião consumou-se de modo a redefinir a cultura do poder. No século IV d.C. o Cristianismo era a religião predominante e Constantino, o futuro imperador, cristão após a morte de seu pai no ano de 312, depois de vencer a última batalha e definitivamente estabelecer-se no poder a partir do ano de 324, funda no Oriente a segunda capital do Império, Constantinopla, o que lhe ensejou, nas palavras de Dalmo de Abreu Dallari, (...) "uma espécie de monarquia de direito divino, mesclando as autoridades política e religiosa".[9]

Com o fim do Império Romano, e séculos adiante, a Igreja católica firmar-se-ia junto ao poder secular, o que igualmente contribuía para associar o mandato divino — por reconhecimento da Igreja — junto ao monarca. Preocupada em preservar o seu patrimônio e a sua autoridade temporal, a Igreja passa a celebrar alianças com os

---

[9] *A Constituição na vida dos povos*, p. 52.

reis, como ocorre com Carlos Magno. Em análise precisa de Dalmo de Abreu Dallari:

> Evidentemente, a aliança com esse poderoso chefe político-militar [Carlos Magno], senhor de amplos territórios e dominador de muitos povos, abria para a Igreja uma extraordinária possibilidade de expansão. Ao mesmo tempo, essa aliança convinha também a Carlos Magno, pois com ela ficava assegurada a submissão de poderosos senhores católicos à sua autoridade. (...)
>
> Dando grande solenidade à celebração desse acordo, na noite de Natal do ano de 800, na Igreja de São Pedro, em Roma, o Papa Leão III coroou Carlos Magno, outorgando-lhe o título de Imperador Romano da Cristandade.[10]

Anos à frente, a noção jurídica de *soberania*, erigida na Idade Média — a Idade das Trevas, para os iluministas —, reafirmaria a parceria entre Estado e Igreja, o Estado de Polícia sob a condução de um "despotismo esclarecido" por suposto consenso. Como diz Paulo Bonavides,

---

[10] *Op. cit.*, p. 59, 60.

Mas nunca deslembrar que foi a soberania, por sem dúvida, o grande princípio que inaugurou o Estado Moderno, impossível de constituir-se se lhe falecesse a sólida doutrina de um poder inabalável e inexpugnável, teorizado e concretizado na qualidade superlativa de autoridade central, unitária, monopolizadora de coerção.[11]

Enraizada profundamente nos hábitos e costumes ocidentais, fosse pela remota tradição greco-romana, ou pelo judaísmo ou o preponderante cristianismo, a imagem antropomórfica de Deus, esculpida por distorções apaixonadas oriundas de interpretações literais de textos religiosos que fragorosamente afirmam o contrário por recursos aos mitos e às fábulas, é utilizada à justificação da nomeação de alguém como *soberano*, a superior autoridade porque privilegiadamente investida em uma representação sacramentada. Ao pretexto do domínio exclusivo sobre a compreensão dos textos sagrados, o ser humano engolfa-se, ao longo da Idade Média, em justificativas e teorizações que enublam a simplicidade e a clareza das palavras de quem

---

[11] *Teoria do Estado*, p. 33.

fundara a própria religião ora apropriada, pois o mestre de Nazaré havia sido claro ao dizer que a César o que é de César, e não se deve confundir o reino humano com o divino.[12]

Este é o contexto histórico enfrentado às custas de conflitos pessoais, sacrifícios e perseguições sofridos por pensadores que prepararam, por todo o século XVIII, a ambiência adequada a refocilar aos oprimidos pela monarquia absolutista a enfrentarem e vencerem — ainda, como assinalei linhas atrás, sob a manipulação do povo pela burguesia — o Estado de Polícia para a inauguração de uma nova época, a do Estado de Direito. Neste, todos, inclusive o próprio Estado e seus líderes, devem (ou deveriam) sujeitar-se à ordem posta por uma representação popular.

Para compreender este novel paradigma, em particular com o propósito de responder às questões que ao início formulei — o que é o Estado Social?; qual a relação do serviço público com este modelo de Estado?; como o serviço público e o Estado Social encontram-se na Constituição Federal de 1988? — tomarei por eixo metodológico

---

[12] Evangelhos de Mateus, 22:15-22, e Marcos, 12:13-17.

a própria sentença que marca o compromisso do Estado de Direito — em princípio Liberal, no curso da história Social e ainda Democrático e Social —: *liberdade, igualdade* e *fraternidade*.

A LIBERDADE É AZUL

Capítulo 2

A Liberdade é Azul

> *Sabendo que é à ironia que se inicia a liberdade.*
>
> (Victor Hugo. *La legende des siècles*)

A trilogia do renomado diretor de cinema, o polonês Krzysztof Kieslowski, é uma celebração tanto ao bicentenário da Revolução Francesa como ao momento contemporâneo à sua produção, a unificação da Europa, a formação da Comunidade Comum Europeia.

No primeiro deles, o filme *A liberdade é azul*, produzido em 1993, a história se passa na França, no início dos anos noventa, às vésperas da unificação europeia. A protagonista chama-se Julie. Em um acidente automobilístico do qual sai com vida, embora sem qualquer sequela física grave, ela perde o marido, um famoso maestro e compositor, e a filha, ainda criança. Traumatizada, ela procura a liberdade da dor, da lembrança do passado impossível de ser revivido, quer ser livre para reencontrar a alegria de viver.

Sob a força das cores, e predominantemente o azul, e ainda de imagens simples, Kieslowski retrata a angústia e o sofrimento de quem arrebatadamente é lançada, após um infortúnio, à solidão, ao encontro da morte que lhe passa de viés mas carrega consigo as pessoas que lhe são mais caras, o marido e a filha. O desejo por libertação, a equívoca impressão de ser possível olvidar o passado, levam-na a pensar em suícido, e mesmo quando superado este súbito momento de lancinante dor, a busca pela liberdade a conduz a deixar sua casa, afastar-se do trabalho, da rotina doméstica, de tudo quanto lhe poderia trazer à memória a vida deixada para trás. O isolamento, a solidão no anonimato e no recolhimento são seus recursos à sôfrega necessidade de libertação. Uma liberdade desejada em profunda raiz intimista, mergulhada no báratro do inconsciente pessoal, sob o torvelinho de uma alma desorientada, em sofrimento; a liberdade é uma conquista inalcançável a qualquer pessoa a não ser à própria personagem.

A *liberdade* aspirada pela Revolução Francesa não encontra esta interiorização, é claro. É a liberdade de consciência, de crença, de pensar, de ser livre em suas escolhas, de expressar-se, por suas opiniões, em reuniões públicas ou privadas, por meio de jornais, das artes, na literatura ou nas artes plásticas, é a liberdade de agir, de ir e vir, são as expressões impositivas pela própria natureza de qualquer ser humano na medida em que se o reconhece como um ente de razão.

É a liberdade que comporta uma constelação de outros valores que se abrigam sob o seu pálio, de tal sorte que dela se desdobram, como à lembrança é inevitável a figura de Voltaire e o caso Jean Calas. Por todo o século XVIII a incompreensão — o solapamento da liberdade — era sufocante. Na vigência do reinado de Luís XV, a partir de 1724 tornam a vigorar as penas de morte aos pastores flagrados em seu ofício, e a qualquer protestante surpreendido em culto o destino era a prisão perpétua, os homens nas galés, as mulheres na cadeia. Supressão do direito à herança, recusa ao reconhecimento do estado civil, toda uma ordem de *intolerância* impingia a corrosão da liberdade. É nesta lúgubre ambiência que se eternizaria o conhecimento, pelas ações e a pena de Voltaire, de um dos mais célebres casos de perseguição religiosa.

Poucos anos antes da Revolução ele, Voltaire, assume publicamente a defesa deste exemplar acinte à liberdade. Jean Calas, um comerciante de tecidos, era protestante e seu filho mais velho suicidou-se em sua casa. Movidos por preconceito e uma insana indignação pelas crenças religiosas daquela família, a comunidade local, em sua maioria católica, arbitrariamente especula sobre assassinato.

A família de Calas, a mulher, o filho mais velho e o mais novo, e ainda um amigo deles, e uma senhora que naquele lar trabalhava há décadas, encontravam-se na residência naquela noite. Reunidos para jantar, o filho mais velho deixaria a mesa ao final da refeição a pretexto de sair para caminhar, mas se enforca no salão de baixo da casa, local utilizado como ponto comercial. O que levaria à propagação da tese de assassinato é que um dos filhos de Calas, o terceiro, havia se convertido ao catolicismo, e seria o suficiente este fato a levar os populares a desconfiar que a família e o amigo que ali se encontrava haviam matado o primogênito porque, supunha-se, quem sabe ele também quisesse mudar de religião. Por conta desta tétrica e arbitrária especulação é que Jean Calas é condenado, pela morte do próprio filho, a ser "quebrado vivo", depois estrangulado e em sequência lançado a uma "fogueira ardente". E assim se dá. Submetem-no a ter seus membros esticados por talhas, obrigam-no a ingerir dez moringas de água, é sujeitado à roda, seus braços e pernas são quebrados a golpes de barras de ferro, e por fim é estrangulado para seu corpo ser em seguida jogado à pira infame. Durante todo o suplício a vítima mantém-se imarcescível, recusa-se a confessar algo que não havia feito, o que levaria os juízes, impressionados com a resistência deste homem, a convolar a pena de seu outro filho para o banimento, e os demais acusados simplesmente foram soltos sem expressamente serem absolvidos.

Voltaire luta em favor da reabilitação da imagem de Jean Calas, uma luta em defesa da liberdade de crença, de professar, ou não, a religião que bem aprouver a cada um; forceja-se em uma luta inglória ao seu tempo, mas que deitaria indeléveis impressões ao futuro da humanidade ao se apregoar uma das expressões da liberdade, a *tolerância*.

Ainda no firmamento da liberdade encontra-se a responsabilidade. Immanuel Kant, contemporâneo à Revolução, embora a ela não se engajasse como outros pensadores, até porque vivia em Königsberg, na Prússia, desenvolveu todo o seu pensamento que influenciaria a era moderna e o notabilizaria por inaugurar o idealismo transcendental em torno de três perguntas: o que se pode conhecer?, o que se deve fazer?, e finalmente, o que se pode esperar? As indagações o encaminhariam a produzir as suas três críticas: *Crítica da razão pura*, *Crítica da razão prática* e *Crítica da faculdade do juízo*. Mas por trás das próprias interrogações formuladas, e que o conduziriam à elaboração destes estudos, há os três temas que impulsionaram a sua reflexão filosófica: Deus, a imortalidade da alma e a liberdade. Os dois primeiros o próprio Kant frustrar-se-ia durante os anos seguintes por não encontrar, como esperava, respostas definitivas; mas a liberdade é sobejamente elaborada. A fundamentação dos valores morais e a sua lei são retiradas de elementos externos para centrar-se no próprio sujeito — é a "revolução copernicana" de Kant. Por ser o humano um ente dotado de razão é portador de uma vontade livre. A autonomia da vontade funda-se na liberdade, na possibilidade de uma decisão calcada em motivos puramente racionais, e só a liberdade permite supor e exigir responsabilidade. Liberdade, pois, é o fundamento racional da responsabilidade.

A liberdade do movimento revolucionário é ainda o respeito à manifestação do pensamento — o direito de informar e de expressar a sua criação, de escritores, artistas, músicos. É a liberdade da força de trabalho que culmina, como defenderia John Locke, em reconhecer a propriedade como um direito natural; ou lido ao inverso — de modo a percebermos o enaltecimento do papel da liberdade para a Revolução —: o direito natural à propriedade apenas se justifica pelo empenho próprio, a mão de obra na produção dos recursos, e só posso concebê-lo (o trabalho) se reconheço a liberdade atribuída a cada ser individualizado.

Contemporâneo à Revolução, Georg W. F. Hegel cuidaria da liberdade como referência central da noção de Estado; o homem é livre no Estado. A dialética hegeliana, o movimento em inerência ao ser e em superação ao dualismo kantiano, é um saber do absoluto no qual o ser em seu mover traz consigo sua própria negação.

A individualidade livre é fruto do *devir* do Estado, uma manifestação concreta, racional, elaborada no curso da história a partir do momento em que nasce o Estado, o que para ele é com a *polis* na Grécia antiga. Por estas perspectivas, a liberdade, ansiada pela Revolução, provocou o Terror, um mal necessário; em outros termos: impôs, em virtude do processo dialético, o contrário de si, para depois tornar a si de modo consciente — um se desdobrar em movimento que a par da liberdade individual encontra no outro igual valor, e deste modo projeta a expressão objetiva da liberdade.

Estas são algumas dimensões da liberdade. Mas esta virtude e toda a plêiade de valores e ideias que se lhe desdobram — a liberdade de ser, de crer, de pensar, expressar-se, agir, a tolerância, a responsabilidade, a proteção à propriedade etc. — nem sempre comportaram estas subjetivas impressões.

Na Grécia antiga, lembra Tercio Sampaio Ferraz Jr.,[13] o substantivo concreto para liberdade, *eléuteros*, apresentava uma conotação política de liberdade. A liberdade significava, ao mesmo

---

[13] *Estudos de filosofia do direito*, p. 96 *et seq.*

tempo: a) *pertinência* a um grupo social; e b) *não submissão*. Portanto, os povos nômades, ainda que pudessem fazer o que quisessem, quando e como desejassem, mesmo que levassem a vida a seu bel talante, para os gregos eles não detinham a liberdade porque não pertenciam à *polis*; vencidos em guerras, os que serviam aos gregos eram os escravos, não gozavam de liberdade por serem submissos. A subjugação (*b*) é naturalmente compreensível por representar uma forma de subtração da liberdade, mas o não pertencimento à *polis* (*a*) revela a concepção política que a definia.

Com Sócrates e Platão é que se bosquejam os primeiros traços da liberdade subjetiva. Sustentam a liberdade centrada no ser. Sócrates foi quem rompeu com as especulações científicas de seus antecessores — detentores da sabedoria, da *sofia* —, para revolucionar a centralidade das especulações filosóficas; sabia apenas que nada sabia — era não um possuidor, mas simples amante da sabedoria, é o início da *filosofia*. Ao reverter do cosmos para o ser humano o destino das primordiais indagações filosóficas a liberdade estreita-se com a vontade, mas a escolha, afirma ele e prosseguiria a asseverar o seu discípulo, deve ser *pelo melhor*. Por isto, como diz Tercio Sampaio, a liberdade conjugava-se, neste período, com a *virtude*.[14]

Ainda conforme o jurista,[15] é com o cristianismo que a liberdade converge para a dimensão subjetiva. Paulo de Tarso, precursor da doutrina cristã, em uma de suas cartas aos romanos distingue *poder* e *querer*. Noutra passagem, acrescento, em carta aos coríntios o apóstolo reafirma: *nem tudo que posso me convém*. Distingue, novamente, *poder* de *querer*. Nem tudo que posso devo querer. Querer e não querer são escolhas íntimas, e embora se devam orientar à proposta de Cristo, há *liberdade* — personalíssima — em *querer, escolher* como agir.

Ainda outra inolvidável reflexão fomentada pela noção de liberdade, e que levaria a apopléticas discussões entre filósofos, teólogos e mesmo cientistas, e por longos séculos ao encontro da Revolução, é a compreensão do *livre-arbítrio*.

Zaratustra, profeta nascido na Pérsia, provavelmente em meados do século VII a.C., afirmava

---

[14] *Op. cit.*, p. 99.
[15] *Op. cit.*, p. 109 *et seq.*

que os seres humanos possuem livre-arbítrio e são livres para pecar ou praticar boas ações, mas são recompensados ou punidos na vida futura conforme a sua conduta; é dizer, há livre-arbítrio, e portanto existe responsabilidade individual. No século XVI d.C. fomenta-se um dos mais célebres debates sobre este tema: Erasmo de Rotterdam considera que se o homem pode pecar, então deve ser reconhecido que é moralmente livre, o que equivale a dizer que exerce com livre-arbítrio a sua vontade, e neste entendimento concilia-se com a sua fé ao ponderar que tal constatação em nada exclui a ajuda divina, pois sem ela o homem não se salva; Martinho Lutero, promotor da reforma protestante, diz que há no homem uma congênita disposição ao pecado, e por isto a capacidade de fazer o bem não decorre do livre-arbítrio, mas da ajuda de Deus, e só a ele pertence o livre-arbítrio, e o que restaria ao ser humano, pois, é o servo-arbítrio, a sujeição à vontade divina.

Nas ciências, a física clássica inicia-se no século XVII com Galileu Galilei, Isaac Newton e Johannes Kepler, e todos defendiam que por meio de experiências seria possível compreender a natureza, e por meio da matemática os fenômenos naturais poderiam ser descritos. O empirismo racional apoia-se, dentre outros pressupostos que se tornaram os fundamentos da física clássica, no *determinismo*: tudo se desenvolve de modo preordenado e previsível, o que nos permitiria, caso conhecêssemos todas as leis naturais, prever o futuro. Induzido por estas premissas, o matemático e físico francês marquês de Laplace chegaria a dizer que a natureza é regida por um conjunto de leis físicas inevitáveis em sua incidência, e porque se aplicam não só às partículas mais ínfimas, mas ainda aos seres humanos e aos seus pensamentos, o todo se encontraria determinado de modo irreversível. Não existe para Laplace — tal como para Lutero, mas por outros fundamentos — o livre-arbítrio.

A Revolução Francesa, o Estado de Direito Liberal que se inaugura, reflete o nível do amadurecimento da intelectualidade diante deste cipoal de teorias e doutrinas que se formaram e desenvolveram-se, na filosofia, religião e ciência, no curso da história. Como no início assinalei, sobretudo pela influência da produção intelectual do próprio século XVIII, a *liberdade* que enceta a frase legendária dos revolucionários expressa a opção por associá-la à subjetividade, ao livre-arbítrio, à liberdade de ser, de crer, pensar, dizer, reunir-se, externar suas opiniões, locomover-se, de ter.

Todavia, em meio à teorização deste valor, a *liberdade*, os revolucionários tisnam-na com assombrosas passagens de grotescas e terrificantes contradições.

Em 1793 a Convenção aprova a *lei dos suspeitos*. Qualquer denúncia poderia tornar o acusado suspeito, fosse por sua conduta, por suas relações, por suas palavras ou escritos, fosse simplesmente por ser descendente de antigos nobres. Os Comitês de Vigilância são encarregados de preparar a lista dos suspeitos e expedir contra eles os mandados de prisão. Qualquer um poderia, e ainda sob o anonimato, levianamente levantar suspeitas contra outrem — o que não raro se motivava por disputas impulsionadas por inveja, discórdias comerciais, ou quaisquer indisfarçáveis e singelas desavenças pessoais. Tidas por verossímeis, as autoridades estavam legitimadas a confinar o suspeito. Além de dirigir-se expressamente à aristocracia, aos girondinos afastados da atividade política, a qualquer um que fosse defensor da monarquia ou não revelasse entusiasmo na defesa da república, ainda a Comuna de Paris relacionou uma série de vagos "motivos" que justificariam a aplicação da norma: "aqueles que se apiedam dos fazendeiros e comerciantes gananciosos contra os quais a lei é obrigada a tomar medidas", ou os que "drenam a energia das assembléias populares com discursos astutos, gritos e ameaças", os "que se referem misteriosamente aos problemas da República, mostram-se cheios de piedade quanto à sorte da população e estão sempre dispostos a disseminar notícias negativas com afetado pesar", ou que "acolheram com indiferença a constituição republicana e deram crédito a falsos temores quanto à sua consolidação e permanência"[16] — mais de trezentas mil pessoas chegaram a ser detidas neste período. Enfim, suspeitos do quê?

As mulheres das sociedades revolucionárias querem forçar todas as demais mulheres de Paris a usarem barretes vermelhos e roupas de lã, mas as mulheres do mercado público opõem-se, o que levaria o conflito a ser resolvido pela Assembleia que ao final resolve decretar a proibição de

---

[16] ANDRESS. *O terror*: guerra civil e a Revolução Francesa, p. 253.

mulheres reunirem-se em sociedades populares, e ainda impõe o uso da insígnia e prescreve que caso uma mulher fosse flagrada sem usá-la, ainda que alegasse a ter perdido ou esquecido, deveria ser punida na primeira vez com oito dias de clausura, e na segunda considerada suspeita e presa até a "paz".

Em 1794 é aprovada a *lei de 22 de prairial* que afasta a possibilidade de defesa dos acusados perante o Tribunal Revolucionário. Com a intenção de agilizar os julgamentos e aumentar a "eficiência" (as condenações com execuções imediatas à guilhotina), muitos dos que haviam sido sumariamente presos sem acusação formal por anônimas acusações genéricas — prisões escoradas na *lei dos suspeitos* — estavam submetidos ao julgamento sumário sem conhecerem seus acusadores, às acusações contra eles imputadas, sem direito à fala ou a provas.

Neste novo Estado, o Estado de Direito Liberal, durante todo o regime do Terror dissociase a *liberdade* da sentença revolucionária do que era a pragmática dos revolucionários. Não havia liberdade de *ser* (filho de um antigo nobre), de pensar (comungar a defesa da monarquia, ainda sob a ressalva do seu condicionamento constitucional), de expressar-se (pela arte, pela literatura, ou simplesmente de vestir-se como bem se quisesse), de reunirem-se (as mulheres), de agir e de circular (as amizades com supostos monarquistas ou a frequência a certos locais públicos tornavam a pessoa suspeita). A *liberdade*, primeira justificativa do Estado de Direito, embora avançasse em relação à subjugação do Estado de Polícia, ainda preservava a lembrança da *lettre de cachet*, a carta com o selo do rei contendo uma ordem de prisão ou de exílio sem julgamento. Sem liberdade.

Seria preciso rever a liberdade. Cuidar dela. Em frase atribuída a Thomas Jefferson — segundo o historiador francês David Andress[17] —, "o preço da liberdade é a eterna vigilância". Mas o jeito como o vigiar elabora-se, se dominador, possessivo da própria liberdade tal como ocorreu, a ruína da virtude que se quer promover é inevitável.

Acredito que a frustração da liberdade àquela época era a suficiente demonstração da impropriedade da ficção do absoluto estado de *liberdade*

---

[17] *Op. cit.*, p. 18.

natural proposto por Hobbes. Para ele, a passagem do estado de natureza para o estado civil objetiva evitar a guerra de todos contra todos, o que seria inevitável diante da liberdade *absoluta* reinante no estado natural. O equívoco irremediável desta premissa é desperceber que em estágio algum da civilização, mesmo em tempos mais remotos e enevoados por ausência de registros, nem ao tempo do *homo sapiens*, nunca houve uma liberdade absoluta. A liberdade é inerente ao ser humano, mas o é em *relação*. Pois a espécie humana, porque dotada de razão, é gregária por natureza. Só se pode falar em liberdade *com* o outro, a liberdade é sempre *relacional*, implica inevitavelmente *alteridade*. No isolamento, na solidão do retiro, em uma vida eremita, não há liberdade. A escolha — o livre-arbítrio — pelo confinamento asfixia-a, estorcega-a à exaustão.

A liberdade depende do outro. Em qualquer época e cultura, indiferentemente do canto do orbe, a liberdade reclama o próximo para existir. Se há alguém, a liberdade é recíproca; a liberdade dos outros é fragorosamente imposta a mim. Todos somos em liberdade.

Nesta avassaladora ordem natural, impossível de ser refutada sob pena de extinção da raça humana, a medida da simultânea implicância das liberdades — a minha e a dos outros —, a ordenação harmônica do inevitável entrelaçamento das liberdades, é a *igualdade*. Dependem-se mutuamente, *liberdade* e *igualdade*.

Capítulo 3

A Igualdade é Branca

Todos os animais são iguais,
mas alguns são mais iguais do que outros.
(George Orwell. *A revolução dos bichos*)

No filme *A igualdade é branca*, o segundo da trilogia de Kieslowski e produzido também em 1993, o polonês Karol casa-se com a francesa Dominique e muda-se para Paris. O casamento sucumbe e ela pede o divórcio, o que ele inicialmente se opõe por ainda a amar. Com a separação, sem emprego — pois ele é um cabeleireiro e com a mulher eram proprietários de um salão que passa a ser de propriedade exclusiva dela —, ele vive como mendigo na capital francesa. Só após algum tempo é que conhece um conterrâneo que o auxilia a voltar a Varsóvia. Em retorno à pátria, a princípio a trabalhar no salão que antes dividia com o irmão, Karol aventura-se a fazer investimentos — bem distantes de uma pauta ética digna de respeito, deve-se dizer — e alcança o sonhado sucesso econômico. Ainda apaixonado, resolve pôr em prática seu plano de vingança contra a ex-mulher.

Por mal falar francês, sentiu, sob a força estatal durante o julgamento de sua separação, sua exclusão. Agora quer o mesmo a ela, mas ainda sob sofrimento mais intenso; quer que se lhe dê, no país dele, a mesma indiferença e formal tratamento ao ser ela acusada da prática de um crime grave. Na predominância alvinitente da neve que domina o cenário em torno de sua casa na Polônia, a frialdade cerca-lhe os sentimentos, insidiosamente se enraíza em seus pensamentos. O branco em domínio da linguagem imagética é mero verniz de pureza. Por baixo da alvinitência a sobrepor-se na paisagem, a vendeta é obsessivamente forjada. Quer-se a igualdade de tratamento, mas na imposição da dor. O sofrimento de Karol precisa ser igualmente retribuído, em medida física que retrate, a despeito de ao expectador parecer excessivo, o excruciante padecimento e a clausura emocional por qual passa o protagonista.

O filme bem representa a prática dos revolucionários franceses, o sentimento que serviria de mote às suas reações, pois embora o signo da igualdade na frase revolucionária guardasse outra inspiração, a tradução que lhe deram foi a da vingança, da retribuição destemperada do mal alhures sofrido, o desejo incontido de eliminar os opositores do ideário republicano. Bem simboliza este período o convite febrilmente feito por uma delegação de jacobinos em 1793 de pôr o Terror "na ordem do dia"; Conclamou-se: "Chegou a hora de fazer pender sobre todas as cabeças a foice da igualdade".[18] Uma igualdade cavilosa.

Olvidava-se, convenientemente, a inspiração aristotélica que justificara cunhar a igualdade como a segunda virtude revolucionária. Pois em Aristóteles a igualdade é o eixo metodológico de seu pensamento.

A justiça distributiva, em sua relação de proporcionalidade, atribui mais benefícios aos mais necessitados, ônus mais graves aos mais aquinhoados; mas é ainda proporcional pelo mérito, elemento discriminador que justifica partilhar de modo distinto entre os cidadãos conforme as diferenças apresentadas. Na justiça distributiva tem-se uma relação vertical, a subordinação de uma

---

[18] *Op. cit.*, p. 214.

parte à outra, e a superior é que detém o poder distributivo, legislativo ou político; a distribuição ocorre sob um modelo geométrico: proporcionalmente, encargos e benesses são compartilhados a depender da geometricidade cunhada na famigerada ideia de que se deve igualmente tratar os iguais e desigualmente os desiguais conforme suas desigualdades.

A justiça corretiva, tanto a comutativa (voluntária) quanto a reparativa (involuntária), conduz-se pela igualdade. Em uma relação horizontal, as desigualdades injustificadas devem ser reparadas. Principalmente na correção da justiça legal, pois a justiça concebida pela lei não pode prever a dinâmica da realidade, e assim é preciso ajustá-la ao caso concreto, é indispensável promover a *equidade*, uma particular expressão da igualdade, e que metaforicamente é representada pela régua de Lesbos. Na Grécia antiga usavam os operários uma régua flexível — a régua de Lesbos — para a medição de blocos de granito. A unidade abstratamente considerada era particularizada na aferição ao se amoldar a régua às chanfraduras das pedras a serem utilizadas. A equidade é este ajustamento da justiça ao caso concreto, o que se motiva por um desejo à igualdade.

A noção de justiça elaborada na filosofia de Aristóteles permaneceria por séculos e encontrava-se vivamente presente no pensamento dos ideais revolucionários. A propósito, tão densas e reflexivas as especulações do filósofo de Estagira sobre a igualdade e a equidade que mesmo por outras roupagens suas ideias perenemente reavivam os discursos filosóficos sobre a justiça, como recentemente, no século XX, John Rawls o fez sob a premissa de um contrato social e os princípios de justiça a regerem a sociedade como resultantes de um acordo mútuo entre pessoas em situações equitativas; é a igualdade a fundar a justiça.

De inequívoca natureza ética, associada aos costumes, a justiça aristotélica é um fazer humano, e as ações individuais projetam-se sobre o coletivo; a justiça qualifica a ação como virtude. Virtude que considera as diferenças, as desigualdades, e quer-se igual nestas medidas. O bem supremo ao homem, segundo o filósofo, é a felicidade — (...) "chamamos justos os atos que tendem a produzir e preservar a felicidade"[19] (...)

---

[19] *Ética a Nicômacos*, p. 92.

—, e ela é a atividade da alma conforme a virtude, o que se vincula à justiça, e depende, como instrumento imanente, da noção de igualdade. Pois a virtude ética é a *justa proporção* (justiça e igualdade implicam-se) entre os extremos da ação, uma por excesso, outra por deficiência; a virtude é o termo médio. A justiça, a mais importante entre as virtudes, em si comporta — sem a qual não teria sentido — a igualdade.

Todavia, larga foi a distância entre a virtuosidade grafada no compromisso revolucionário e o experienciar dos novos detentores do poder.

No interstício entre os paroxismos da monarquia absoluta em desesperadores planos econômicos fracassados e a queda da Bastilha em 14 de julho de 1789, os Estados Gerais enfim foram convocados. O Primeiro Estado representava cerca de cento e trinta mil integrantes do clero, o Segundo Estado apresentava-se em nome de número pouco maior em nome da nobreza, e o Terceiro Estado, simplesmente, era toda a nação. A partir de 05 de maio de 1789 os Estados Gerais passaram a reunir-se em Versalhes, mas os membros do Terceiro Estado eram constantemente humilhados, postos em último lugar nos cortejos, forçados a vestirem-se de negro enquanto a aristocracia exibia-se com sedas e dourados, e deveriam manter-se em pé enquanto os demais permanecessem sentados. Não haveria outra alternativa ao Terceiro Estado a não ser declarar-se, a partir de 17 de junho, a "Assembleia Nacional".

Foi uma reação à tentativa de suprimir, por rituais, tradições, liturgias do poder, a igualdade dos que não integravam o clero ou a nobreza — dissimuladas "desigualdades" cerebrinamente formuladas em tentativa de alijar determinadas classes de participar das decisões do Estado.

E a vingança não tardaria. Os girondinos, liderados por Jacques-Pierre Brissot, integrantes de uma representação política que havia defendido a monarquia constitucional, estavam sensivelmente enfraquecidos desde a tentativa de fuga de Luís XVI, e mais do que nunca sofriam a retaliação dos jacobinos, representados por Maximilien Robespierre, e dos cordeliers, por Georges Danton. Com o advento da República, os republicanos mais extremados tomavam as posições mais altas no plenário e intitulavam-se "A Montanha", os montanheses, em franca oposição aos girondinos e outros, que por ocuparem as cadeiras mais baixas eram o "povo da planície" ou o "povo dos pântanos". Robespierre tem o apoio dos montanheses e dos *sans-culottes* (os proletários), e inicia a perseguição aos supostos adversários do patriotismo.

Em 1793 é aprovada a criação de um tribunal criminal extraordinário, o Tribunal Revolucionário. Robespierre, Danton e Jean-Paul Marat destacam-se entre os fanáticos contra os monarquistas. Toldados por uma sanha contínua que contaminava a muitos, os revolucionários, conduzidos por estes seus líderes, retribuíam aos seus oponentes políticos o sofrimento que lhes fora impingido no passado. Sumariamente, os girondinos capturados eram brutal e covardemente assassinados sob a travestida legitimidade estatal ora instalada.

Era a igualdade na retribuição do sofrimento. Uma escaramuça na qual a igualdade, tal como se encontrava no emblema revolucionário, como inspirada na noção aristotélica da justiça, simplesmente inexistia. Não havia "desigualdades", mas uma igualdade irascivelmente dilacerada.

E o que esperar quando a igualdade é suprimida? Se a pretexto de desigualmente tratar dos desiguais, a facúndia entroniza um *discrímen* veiculador do ódio ou da intolerância?[20]

Tal como no filme de Kieslowski, durante o regime do Terror a igualdade foi pretexto não para a virtude da justiça, mas à vendeta, à desproporcional e patológica perseguição que apenas na mente dos seus provedores — como na de Karol — é que se associa a algum sentimento de justiça.

A participação social no poder, afirma Mario Losano,[21] é o símbolo do progresso político que se fundamenta no princípio da igualdade. A suspensão da igualdade, portanto, é fruto da equivocada crença em uma profunda e irremediável desigualdade natural na humanidade, o que conduz ao *autoritarismo*. E se a este dilaceramento da igualdade alia-se o racismo, o nacional-socialismo alemão da primeira metade do século passado é referência memorialista suficiente a indicar as trágicas consequências que podem ser esperadas.

Pois não há vácuo na relação de liberdade entre os seres humanos. Ou há a igualdade — em hercúlea tarefa de identificar legitimamente as

---

[20] Como visto no capítulo anterior, a tolerância é um desdobramento da liberdade, e no contexto apresentado reforça a percepção da mútua dependência entre liberdade e igualdade.

[21] *Sistema e estrutura no direito*, v. 2, p. 193 *et seq.*

desigualdades que possam justificar em relação a fins dignos as discriminações —, ou existe autoritarismo. A loquacidade que despreze a dignidade do ser humano — sob a consideração de esboroadas desigualdades — apenas traveste o autoritarismo, o orgulho bárbaro, a vontade de um ou poucos sobre a amorfa classe dos demais. Sem identificar no próximo o semelhante, sem se lhe dar voz e oportunidade, não há como aguardar pela igualdade. O que talvez tenha sido, ainda inconscientemente, o que levaria Montesquieu a afirmar que (...) "o amor à democracia é o amor à igualdade".[22] Sem igualdade, a peroração democrática é pura demagogia — o que já havia sido alertado por Aristóteles.

Ausente a igualdade — porque presente e reinante o autoritarismo — estiola-se a liberdade. Como no capítulo precedente afirmei, liberdade e igualdade implicam-se; se conquistada a primeira e descurada a segunda, padece o natural e instintivo sentimento de ser livre. Esvai-se a própria vida.

O zelo aguerrido à igualdade é indispensável, pois o avanço e a infiltração do autoritarismo

---

[22] *O espírito das leis*, p. 54.

ocorrem sorrateiramente sob recursos retóricos pretensamente legitimadores de fatores de discriminação que encobrem caprichos e interesses personalíssimos do detentor do poder e dos seus correligionários. Não são as diferenças em pertinência lógica ao fim da virtude da justiça o verdadeiro mote, mas sim o preconceito, o orgulho e o egoísmo que animam as investidas contra a igualdade.

Lembro-me da ilha de Utopia, em magistral concepção do humanista Thomas More e que levaria à adoção da palavra "utopia" a significar o ideal inalcançável. Em sua obra, Utopia é o retrato de um Estado imaginário no qual inexistem propriedade e moeda corrente, pois o que em comum à população daquela comunidade deveria ser proporcionado é o alcance à felicidade. Igualdade para a felicidade. Não obstante revolucionário ao seu tempo — tanto que a incompreensão de seu amigo que ainda o tomava por conselheiro, o Rei Henrique VIII, levá-lo-ia à morte por decapitação —, a fictícia ilha que simbolizaria o espectro da idealização da felicidade ainda conta com a escravidão, a submissão absoluta da mulher ao homem e a pena de morte. Uma retórica de justiça social que não contém em si a expectante coerência propugnada, a igualdade. O discurso da igualdade deve precatar-se para, a sua menção, não grassar as mais diversas e infamantes desigualdades.

Mas não só por meio do recurso à palavra é combalida a igualdade — embora não seja pouco. Ainda a *indiferença* é artifício hábil a fulminá-la. É a indiferença que leva ao tratamento igualitário meramente formal, procedimental, vazio em sua expressão ontológica.

Na trilogia de Kieslowski há um traço marcante e frequentemente rememorado. São as aparições das personagens de um filme em outro, a cor de um presente noutro, tal como no julgamento do divórcio de Karol e Dominique no qual aparece Julie, de *A liberdade é azul*, por engano em ingresso na sala de audiência e durante um instante interrompe o ato solene. Em meio à indiferença, à igualdade formal diante da simples presença de um tradutor a serviço de Karol, mas sem que se lhe permitisse compreender qual o direito vigente naquele país, sem que tivesse alguém a efetivamente lhe orientar quanto ao litígio, a figura de Julie a entrecortar o rito processual da audiência é a liberdade a lembrar-se necessária, a recordar que o enfraquecimento da igualdade compromete o seu par.

Não apenas durante o regime de Terror, mas ainda por todo o século seguinte, foi a indiferença na aplicação da igualdade que se levou à incontrastável percepção da insuficiência do Estado de Direito Liberal. O abstencionismo estatal nas relações privadas aprofundaria as diferenças sociais. A nobreza foi meramente substituída por outra classe, a burguesia. O povo, os miseráveis retratados nos textos do notável Victor Hugo, era relegado ao abismo da desolação e do desamparo pelo Estado que mais não faz do que infligir a quem dele tanto necessita as mais duras penas. Escreve o romancista: "A cólera pode ser louca e inconseqüente; pode a gente irritar-se sem motivo; mas a indignação só é possível quando se está de algum modo com a razão: Jean Valjean sentia-se indignado".[23]

O sôfrego anelo por liberdade esmagava a igualdade. O interesse público reduzia-se à proteção dos interesses privados da burguesia, conforme ressaltam Emerson Gabardo e Daniel Hachem.[24] Primava o egotismo.

---

[23] *Os miseráveis*, v. 1, p. 100.

[24] *Supremacia do interesse público e outros temas relevantes do direito administrativo*, p. 28 et seq.

Tal como o protagonista do romance, Jean Valjean, a sociedade indignou-se no curso do século XX. A indiferença do Estado Liberal não podia ser suportada por mais tempo. As abissais diferenças entre as classes econômicas e sociais espraiavam-se continuamente. Foi preciso partir ao encontro de outro modelo de Estado de Direito, a superação do Estado Liberal para o Estado Social. A igualdade necessitava principiar a sua realização, emancipar-se à liberdade para que esta última pudesse continuar a existir.

O Estado Social, firmado no início do século XX com as Constituições do México em 1917 e da República de Weimar em 1919, representava a alternativa à reafirmação da *liberdade* e à busca da ainda encoberta *igualdade*. O Estado de Direito Liberal evoluiu, é certo, em relação ao modelo despótico do Estado de Polícia. Progrediu (apesar de seus tropeços) com a liberdade, mas se frustrou na igualdade. Era preciso mais, e o Estado de Direito Social foi o estágio seguinte.

No entanto, enquanto esta nova proposta — o Estado Social — serviria à democracia, do mesmo modo se prestaria ao nazismo e ao fascismo, a Franco na Espanha, a Salazar em Portugal e a Getúlio no Brasil.[25] Indeléveis passagens de uma igualdade verbosa e dissociada de sua real significação, de argumentos falaciosos que derribaram a própria virtude da qual estes Estados se arvoravam portadores.

Autoritarismo e indiferença, duas sombras à intelecção da igualdade, dois algozes da liberdade. O Estado Social ainda não era suficiente. Precisava-se de algo mais.

---

[25] O modelo não é apenas histórico. Na contemporaneidade a Venezuela de Chávez é experiência presente da vã exposição da igualdade.

Capítulo 4

A Fraternidade é Vermelha

- Morrer não é nada; não viver é que é horrível!
(Victor Hugo. *Os miseráveis*)

Em *A fraternidade é vermelha*, produção de 1994, Kieslowski apresenta Valentine. Uma jovem modelo que vive em Genebra. Ao atropelar uma cadela no meio da noite ela para, recolhe cuidadosamente o animal, identifica pela coleira o endereço do seu proprietário e parte em busca do local. A residência encontra-se aberta, ela ingressa e encontra-o. É um magistrado aposentado que passa seus dias em um obscuro *hobby*: com o auxílio de alguns equipamentos eletrônicos ele clandestinamente ouve as conversas telefônicas dos seus vizinhos. Vive sua vida para acompanhar, distante e insensível, a vida dos que moram no entorno. A impassibilidade que se lhe apodera a alma externa-se em sua rotina, na forma indiferente e mesmo rancorosa na qual recebe e rechaça Valentine que traz em seus braços a sua única companhia, a cadela que se encontra ferida.

As personagens que inicialmente se repulsam ainda vão se conhecer melhor. Em outro plano, conta-se ainda a história de um jovem que anseia o ingresso na magistratura e a realização afetiva com a mulher amada. Quase o recontar no presente do que é o passado do magistrado aposentado.

O filme é uma história sobre o perdão e o recomeço, trata ainda da solidariedade ao se dispor ao próximo. O magistrado aposentado expia suas faltas, ele quer, tal o aspirante ao cargo de juiz na história paralela, um recomeço. E Valentine sinaliza o papel da compaixão, da solidariedade por um estranho. Um desejo de fraternidade.

Trata-se do último emblema do ideal revolucionário que só na posteridade — pois os revolucionários nunca a conheceram — haveria de principiar-se o seu entendimento, a fraternidade.

Os "massacres de setembro". Assim são conhecidos os eventos que se desenvolveram em setembro de 1792 e maculariam em definitivo a

história da Revolução pela violência ensande-
cida que covardemente ceifou com burlescos
rituais de violência centenas de vida. Ainda no
início do mês, no dia três, é executada a princesa
de Lamballe, uma das mais próximas amigas de
Maria Antonieta. Ao reproduzir fontes diversas,
o historiador David Andress[26] diz que após ser
morta seu corpo foi ainda atravessado por in-
findos golpes de sabre e lança até restar uma
coisa disforme, irreconhecível, que o seu corpo,
nu, ficou estirado à entrada da rua Saint-Antoine
das oito ao meio dia, e depois sua cabeça foi cor-
tada e exibida, juntamente com outras partes do
corpo; um dos carrascos desfilava com os seus
intestinos em uma mão e um facão na outra. O
coração, os órgãos genitais, as histórias que se
popularizam sobre o desfile com partes do corpo
daquela mulher — inclusive com atos exibicio-
nistas à frente do local onde se encontrava detida
Maria Antonieta para que ela pudesse ver o que
os revolucionários faziam com os inimigos — representam um dos mais selvagens momentos da
Revolução.

---

[26] ANDRESS, *op. cit.*, p. 115.

Nas prisões amontoavam-se partidários — ou simples suspeitos de tão grave "crime" — da monarquia. Os detidos encontravam-se na Abbaye, Châtelet, Conciergerie e na La Force. A intolerância reclamada à época do "despotismo esclarecido" de Luís XVI e de seus antecessores — e insisto: a tolerância é uma forma de expressar-se a liberdade — foi impiedosamente retribuída — era a igualdade enliçada pelo ódio. Na prisão de Abbaye, um antigo soldado que havia participado ativamente da queda da Bastilha, Stanislas Maillard, era o responsável pelos interrogatórios. Instalado por trás de uma mesa, em brevíssimos minutos, prisioneiro após prisioneiro encarcerado era retirado de sua sela, "ouvido" e julgado. Se Maillard, convencido da inocência, dispensasse e recomendasse ao suspeito que saísse pela porta da prisão com um chapéu na cabeça, então passava ileso entre populares armados que faziam as vezes de carrascos e aguardavam ao lado de fora. Se o prisioneiro saísse sem chapéu era o sinal claro e previamente acordado: estava condenado à morte e era sumária e brutalmente morto no local a golpes de sabre e lança. À prática constante o requinte pela crueldade apurava-se: há relatos de mulheres violentadas antes de executadas, de até o coração de prisioneiros serem arrancados, dos golpes desferidos serem parcimoniosamente distribuídos com o fito de prolongar a agonia da morte, e por fim os corpos em geral, sem vida e mutilados, serem largados na rua.

Por que tanto se frustrou o reconhecimento da razão humana como cerne legitimador da dignidade da vida? Ou em outra mais simples formulação, o que faltou à vivência da *liberdade* e da *igualdade*?

A fraternidade. Ideal ético indispensável ao Estado de Direito.

Desconhecida à época da Revolução, a fraternidade era referida em mera inscrição de um dos clubes políticos, a Sociedade Fraternal, e apenas porque congregava revolucionários de ambos os sexos. Nada mais do que isto. Ou ainda em um decreto baixado pela Convenção, em 19 de novembro de 1792, no qual se prometia auxílio aos povos estrangeiros que buscassem libertar-se da monarquia — mais um manifesto de apoio bélico do que suporte humano aos perseguidos. Quase ingenuamente, aceitava-se, como ocorreu a partir de 1º de novembro de 1793 por deliberação do Comitê de Segurança Pública, que bastaria à fraternidade renunciar em correspondências ao uso do pronome pessoal formal *vous*, e que todos fossem tratados por *tu*, modo informal que se restringia até então à intimidade, ou a chamar as crianças e serviçais; *Monsieur* e *Madame* foram abandonados por sua origem aristocrática, e em substituição foi adotada a palavra "cidadão". Ao término das correspondências entre os republicanos, em lugar de "Rogo-lhe, senhor, que aceite a expressão de meus mais respeitosos sentimentos", bastaria *Salut et fraternité*, "Saudações fraternas". Como se a fraternidade pudesse ser encontrada em uma reforma linguística.

Para não dizer que nenhuma ação solidária foi esboçada, em 1794 anunciou-se um projeto para o povo "regenerado". Foram editados os decretos *ventôse* que dispunham sobre a redistribuição de terras em benefício dos mais pobres. Mas a implementação tornou-se inviável porque apesar de a medida ser reservada aos "patriotas" pobres, havia contradição com a imposição de deportação dos "indigentes" pela recente legislação policial em vigor, além da dificuldade de simplesmente despachar os trabalhadores urbanos ao interior para apossarem novas terras, e ainda por simplesmente existir, no interior da própria classe dirigente do regime de Terror, muitos opositores à ideia de flexibilizar o direito de propriedade. Dois meses após a edição destes decretos, e sem surtirem efeitos práticos, foram formalmente inutilizados. Como fracassaria em dois anos "O Grande Registro do Bem-estar Nacional", programa assistencialista iniciado na mesma época em benefício de viúvas, órfãos, deficientes e idosos — desde que "patriotas", sempre — com o fim de atender às necessidades mais elementares. Definitivamente, compaixão e solidariedade não vingavam.

O sentimento que prevalecia era o que Robespierre rotulava por *défiance*, a constante desconfiança sobre todas as personalidades públicas que por ventura deixassem, em algum momento, de reiterar ostensivamente os compromissos revolucionários, o que deveria ser cumprido por meio de constantes denúncias, apoio às execuções e outras manifestações públicas em favor da República. Era a violência que sacralizava a honrosa qualificação de "revolucionário".

Em dezembro de 1793, na pequena cidade de Savenay, tem-se um dos tantos embates fora de Paris entre a República conduzida pelo Terror e os contrarrevolucionários. A vitória final do governo foi celebrada pelo general Westermann, aliado do líder Danton, que escreveu ao Comitê de Segurança Pública em registro formal de como o novo Estado tratava os adversários; depois de (...) "esmagado crianças sob as patas dos meus cavalos e massacrado as mulheres, que assim não poderão dar à luz novos bandidos (...) Não fazemos prisioneiros, pois teriam de receber o pão da liberdade, e a piedade não é revolucionária".[27]

A piedade não era contemplada pela Revolução. A narrativa da violência era orgulhosa e assumida por objetivoególatra de cada representante-em-comando do Terror como um culto à sua personalidade. Como anunciava, em uma de suas mais conhecidas falas relembradas ainda na atualidade, o "Incorruptível", Robespierre:

> Se em tempos de paz a mola propulsora do governo popular é a virtude, na revolução ela é ao mesmo tempo a virtude e o "terror": virtude, porque sem ela o terror é fatal; terror, porque sem ele a virtude é impotente. O terror nada mais

---

[27] ANDRESS, *op. cit.*, p. 293.

é que uma justiça sumária, severa e inflexível; é portanto uma emanação da virtude.[28]

Não havia perdão, nem oportunidade de recomeço. O regime do Terror, por leis promulgadas entre dezembro de 1793 e fevereiro de 1794, impôs junto ao ensino primário o "ódio aos tiranos" e o "amor aos Direitos do Homem" na pauta da alfabetização e formação básica. A nova escola não logrou — para o bem da própria virtude liberdade, tão repetidamente afirmada — entrar em prática, pois as intestinas disputas que se intensificaram ainda mais a partir daquele período não permitiriam o foco em novos projetos. Todavia, em junho de 1794 chegou-se a formar a "Escola de Marte" que reuniu cerca de três mil adolescentes do sexo masculino em uma escola militar com o propósito de doutrinar os jovens aos irascíveis discursos e posturas republicanos. Era a escola da intolerância e do ódio, um centro desagregador das virtudes que portavam como meta, um local de deformação do caráter e do compromisso cívico de centenas de jovens.

---

[28] Baker, *Old Regime, apud* ANDRESS, *op. cit.*, p. 319.

No século XX, o filósofo Paul Ricouer diria que o perdão tem uma representação para a memória. Afirma:

> Seu "projeto" [do perdão] não é apagar a memória; não é o esquecimento; ao contrário, seu projeto, que é de "anular a dívida", é incompatível com o de "anular o esquecimento". O perdão é uma espécie de cura da memória, o acabamento de seu luto; liberta do peso da dívida, a memória fica liberada para grandes projetos. O perdão dá futuro à memória.[29]

E a fraternidade cumpre este papel. Permite, se contemplada no sistema jurídico, evolverem-se mecanismos de perdão, oportunidades de recomeço, de reinserção do infrator na sociedade de modo gradual e compatível com as suas possibilidades. A fraternidade perdoa, estende a mão para o resgate da liberdade, enseja a chance de tentar novamente, de encontrar-se a igualdade.

Mas ela, a fraternidade, não esteve presente no Estado de Direito Liberal, nem no Estado de Direito Social.

---

[29] *O justo*, v. 1, p. 196.

No entanto, liberdade e igualdade levar-nos-iam irremediavelmente à *fraternidade*: a comunhão em irmandade na sociedade, ao perdão e ao recomeço a que me referi, e ainda à solidariedade ao menos favorecido, seja por deficiências econômicas, culturais ou intelectuais, seja por doenças incapacitantes ou pela idade provecta que consome a vitalidade e dificulta, diante do desamparo ou da falta de recursos da família, a autossubsistência.

Por meio da fraternidade reconhecemo-nos *iguais* porque somos, acima de nossas desigualdades particulares, a mesma humanidade.

Se a liberdade só faz sentido em alteridade, se por ser imprescindível o outro os iguais devem ser igualmente equiparados e os desiguais desigualmente distinguidos em razão de fins dignamente virtuosos, a fraternidade é a conclusão da entronização da justiça ao superar estas desigualdades porque sobre elas devemos ser todos igualmente livres por pertencermos a uma única raça humana.

Em cada um dos filmes da trilogia de Kieslowski aparece, em contato visual com o protagonista, uma senhora de idade que vagarosamente, apoiada em sua bengala, avança em direção a uma lixeira. Curvada, em passos curtos e pensados, ela a alcança. Sua intenção é depositar uma garrafa de vidro pela abertura da lixeira. Mas a altura do acesso é a ela limite inatingível. Equilibra-se com ajuda da bengala, mantém-se recurvada e a cabeça voltada ao chão por postura vencida em um corpo retesado pela força da idade, e com o outro braço livre balouça a garrafa acima de si, tateia à procura do acesso à lixeira. Julie impassivelmente a assiste, deixa-a livre à sorte; Karol, inicialmente curioso, acompanha-a com o olhar, e diante de seu fracasso ele rompe a rir, continua a contemplar, conscientizar-se das diferenças, nada mais; é com Valentine que se expressa a caridade, a sobreposição das desigualdades pelo gesto humano de fraternidade. Liberdade e igualdade dependem dela.

Em que pese o desconhecimento mínimo da fraternidade no Estado de Direito Liberal que rompia em fins do século XVIII, sua noção junto à filosofia e à religião era bem conhecida por inspiração da conhecida *regra de ouro*. Confúcio, pensador chinês do século VI a.C., afirmava "O que não desejas para ti, não faças aos outros", e o mestre de Nazaré, um revolucionário do amor, séculos depois ainda a reformularia por convidar à ação: *faça ao próximo o que gostaria para você.*

Na filosofia contemporânea à Revolução Francesa, Immanuel Kant, em sua *Crítica da razão prática*, sintetizaria: "Age apenas segundo uma máxima tal que possas ao mesmo tempo querer que ela se torne lei universal".[30] Mas à sua formulação, tão intensamente desinteressada de um Bem ou de um fim supremo, exasperadamente concebida em exclusiva razão do *dever*, calham as pertinentes discordâncias de Jacques Maritain ao dizer que um "(...) verdadeiro desinteresse só pode ser atingido na própria ordem da finalidade, isto é, quando alguém age por amor de um outro por ele amado mais do que a si mesmo".[31] A moral de Kant desinteressa-se do amor, da finalidade, do Bem. A autonomia de sua moral encontra-se em uma razão formal, numa motivação desprovida de qualquer outro mote.

Mas sem *ser com o outro* como se pode alcançar a fraternidade?

Por isto novamente acedo a Jacques Maritain: "A verdadeira autonomia própria ao ser humano é a de cumprir a lei – a lei de um outro – que ela

---

[30] *Crítica da razão prática*, p. 103.
[31] *A Filosofia moral*, p. 120.

fez sua, tanto pela razão quanto pelo amor";[32] o que alhures havia sido anunciado por Paulo de Tarso ao encarecer que a letra mata, mas o espírito vivifica[33] – o enaltecimento da *razão* –, mas sem se olvidar que só o amor regozija-se com a verdade[34] – um culto ao *amor*.

Razão e *amor*, caminhos à fraternidade. Densificam-na, tornam-na prenhe de sentidos múltiplos, capaz de permanentemente elaborar – e descobrir – significados e recursos em busca da realização de nossas humanidades.

A constância das lições de fraternidade na filosofia e na teologia — mesmo com a ponderação das divergências naturais em cada corrente de pensamento — mantém as referências ao perdão, às novas oportunidades, à solidariedade, e ainda a outros tantos valores que se possam albergar sob a ideia geral de que ser livre implica superação das desigualdades com a promoção da justiça indistintamente a toda a humanidade.

Toda humanidade que não se descura de cada ser humano individualizado, como adverte

---

[32] *Op. cit.*, p. 126.

[33] *Segunda epístola aos Coríntios*, 3:6

[34] *Primeira epístola aos Coríntios*, 13.

Carlos Ayres Britto:

> De fato, não é só amando a humanidade que se ama o homem, porém, reciprocamente, é amando o homem que se ama a humanidade. Até porque é muito fácil, muito cômodo, muito conveniente dizer que se ama o sujeito universal que á a humanidade inteira. Difícil, ou melhor, desafiador é amar o sujeito individual que é cada um de nós encarnado e insculpido.[35]

Preocupação sentida por Soren Kierkegaard ao refletir que na Bíblia não se convida a amar a multidão, mas ao próximo, um *indivíduo*, uma categoria cristã na qual se erige a própria religiosidade. O essencial da existência humana, diz ele, é (...) "que o homem é 'individuum' e, como tal, ao mesmo tempo ele mesmo e todo o gênero humano, de maneira que a humanidade participa toda inteira do indivíduo, e o indivíduo participa de todo o gênero humano".[36]

Mas só após a Segunda Guerra Mundial é que a participação popular foi encarecida não só

---

[35] *O humanismo como categoria constitucional*, p. 53.
[36] *O conceito de angústia*, p. 30.

como instrumento à contenção do poder, ao controle da tirania ideológica de quem se encontra à frente no comando da nação, mas ainda e principalmente como recurso à centralização do ser humano individual, e da humanidade em sua dimensão coletiva, como razão e fim da organização política. O Estado de Direito precisava prosseguir na *liberdade*, ser liberal, necessitava promover e respeitar a *igualdade* como seu consectário natural, mas a justiça social, percebeu-se, depende de sobrepor-se em perdão e solidariedade, ou em uma palavra, em *fraternidade*.

Este é o compromisso ético-jurídico do Estado de Direito Social e Democrático que se encontra asseverado na Declaração Universal dos Direitos Humanos, proclamada em 1948, e desde logo em seu primeiro artigo: "Todas as pessoas nascem livres e iguais em dignidade e direitos. São dotadas de razão e consciência e devem agir em relação umas às outras com espírito de fraternidade".

Dito de outro modo, no Estado de Direito Social e Democrático reafirmam-se a liberdade e a igualdade, e quer-se encontrar, pela primeira vez, a fraternidade.

E no que se refere à solidariedade o seu principal instrumento, como passarei a expor no próximo e último capítulo, é inegavelmente o serviço público.

**ESTADO SOCIAL E DEMOCRÁTICO,
SERVIÇO PÚBLICO E FRATERNIDADE**

CAPÍTULO 5

Estado Social e Democrático, Serviço Público e Fraternidade

Nos capítulos que se seguiram procurei expor o que entendo por Estado Social e Democrático de Direito (ou em rubrica abreviada, em sentido amplo, simplesmente Estado Social). Foi a primeira indagação que fiz na apresentação deste ensaio — o que é o Estado Social?

Restam-me duas outras: qual a relação do serviço público com este modelo de Estado, e como o serviço público e o Estado Social devem ser compreendidos diante da Constituição Federal de 1988. É o propósito deste último capítulo. Em ligeiras linhas, e tendo por premissas o quanto alinhavei nos capítulos passados, quero contextualizar o serviço público a cada um dos valores revolucionários.

Pois as suas politextualidades fazem-se presentes — como não poderia deixar de ser — nas diversas formulações da noção de serviço público, desde a Revolução Francesa até os dias atuais. Do mesmo modo, os erros cometidos na leitura e vivência destes valores acompanham a humanidade na compreensão do papel do serviço público junto ao Estado de Direito. Minha particular preocupação neste capítulo é buscar encarecer o que diviso representar o serviço público na Constituição da República Federativa do Brasil, e com fundamento no exposto até então, qual postura deve ser assumida, e do que se deve abster — ao menos sob algumas brevíssimas, porém que me parecem essenciais, considerações a respeito do tema — para não sermos protagonistas de mais um grave erro histórico que poderia, com um pouco de cuidado, ser evitado.

5.1 Serviço público e liberdade

Dinorá Adelaide Musetti Grotti, em estudo de profundidade invulgar, destaca ser atribuído a Rousseau o emprego da expressão *serviço público*. Ao mencionar a pesquisa de Meilán Gil, Dinorá Grotti diz que o termo foi usado pelo renomado filósofo para qualificar qualquer atividade estatal[37] — um emprego excessivamente genérico,

---

[37] *O serviço público e a Constituição brasileira de 1988*, p. 19-20.

o que compromete a sua utilidade junto à obra deste pensador.

No entanto, a concepção jurídica de serviço público inicia-se com o próprio Estado de Direito — depois da morte de Rousseau, portanto. Só após a Revolução Francesa, e ao longo do século XIX, é que por julgados do Conselho de Estado francês gradualmente se forma a noção jurídica e a sua respectiva repercussão prática que viria a tornar-se, sob um novo enfoque atribuído no início do século XX — como ainda veremos no tópico seguinte —, o eixo metodológico da teoria do Estado e da ciência produzida junto ao Direito Administrativo.

Mas em retorno às lições de Dinorá Musetti Grotti[38] ao mencionar Villar Palasí, o elemento determinante à qualificação de uma atividade como serviço público nos primórdios de sua formulação era o que este jurista denominou de *publicatio*, ou ato de *publicatio*, e consiste na atribuição da titularidade de um serviço ao Estado, e por conseguinte a exclusão de sua realização por particulares, a menos que obtenham prévio

---

[38] *Op. cit.*, p. 25.

consentimento da Administração Pública. Todavia, sob este formato, mesmo com a outorga da execução a titularidade remanesce com o Estado; apenas a sua consecução material é que pode ser assumida por particulares.

É em virtude deste destacamento de certas atividades de um universo de serviços para identificá-las como *pertencentes* ao Estado — de sua titularidade, pertinentes à função administrativa — que na França passa-se a exigir, em zelo à liberdade tão fragorosamente brandida, que estas definições sejam feitas por lei formal.

Nos idos do século XIX, nos primórdios do Estado de Direito, a jurisdição administrativa que se desenvolve na França realiza-se sob a distinção entre "poder gracioso" e "poder contencioso", o que serviria para firmar as competências dos Tribunais Administrativos. As matérias contenciosas sujeitavam-se ao controle, e as do "poder gracioso", como eram exemplo as "matérias de polícia" (*jus politae*), eram imunes à revisão judicial. Neste campo de liberdade é que se forjou o princípio da legalidade, mas que se compadecia, desde que não se afetasse a liberdade e a propriedade dos administrados, de consentir ao Poder Público que agisse, ou deixasse de fazê-lo, se não houvesse alguma expressa disposição legal para obrigar ou proibir. Era a vinculação negativa da Administração à lei. Apenas posteriormente, com o advento do Estado de Direito Social, e mantendo-se com o Estado de Direito Social e Democrático, é que o princípio da legalidade adota outra conformação: a Administração só está autorizada a atuar ou deixar de fazê-lo de acordo com a lei, isto é, não há espaço de liberdade diante da omissão legislativa. É a vinculação positiva da Administração à lei, o que resulta, em nosso direito posto, da interpretação sistemática dos arts. 5º, II,[39] e 37, *caput*,[40] ambos da Constituição Federal.

Não obstante a distinção no desenvolvimento do princípio da legalidade — entre a *vinculação negativa* no Estado de Direito Liberal, e a *vinculação positiva* a partir do Estado de Direito Social —, para a definição do serviço público em nada se altera. Pois por atingir a *liberdade* e a *propriedade* — duas

---

[39] "Ninguém será obrigado a fazer ou deixar de fazer alguma coisa senão em virtude de lei".

[40] "A Administração Pública direta e indireta de qualquer dos Poderes da União, dos Estados, do Distrito Federal e dos Municípios obedecerá aos princípios de legalidade, impessoalidade, moralidade, publicidade e eficiência" (...).

ressalvas junto à vinculação negativa —, o simples advento do Estado de Direito, é dizer, mesmo a roupagem francamente Liberal que se implementou com a derrubada do Antigo Regime, era suficiente para exigir-se *lei* na qualificação de um serviço como público — de titularidade do Estado.

Apenas poderia ser serviço público, portanto, o que a *lei* dissesse sê-lo. Preconizava-se a *liberdade* do cidadão. A livre iniciativa na ordem econômica assegurava o livre-arbítrio na escolha da atuação profissional, a liberdade no empenho da força de trabalho, e por consequência a apropriação de bens e serviços que se individualizam em uma esfera jurídica subjetiva, propriedade do sujeito de direitos, o cidadão.

O primado da *liberdade* em relação à noção jurídica de serviço público não é apenas menção histórica; ao contrário, é realidade presente entre nós, brasileiros, pois encontra guarida constitucional, com destaque que faço, entre outras disposições, para os arts. 5º, II, XIII[41] e XXII,[42] e 170, *caput,*[43] II[44] e IV,[45] todos da Constituição Federal.

---

[41] "É livre o exercício de qualquer trabalho, ofício ou profissão, atendidas as qualificações profissionais que a lei estabelecer".

[42] "É garantido o direito de propriedade".

[43] "A ordem econômica, fundada na valorização do trabalho humano e na livre iniciativa, tem por fim assegurar a todos existência digna, conforme os ditames da justiça social, observados os seguintes princípios" (...).

O nosso atual modelo de Estado, sob os enunciados da Constituição Federal de 1988, primeiro anuncia a liberdade. É Estado de Direito comprometido com a *liberdade* — mas não só — porque serviço público apenas o é o que a própria Constituição e as leis formais definem como tal. Não pode a medida provisória, o regulamento ou qualquer outro ato normativo circunscrever alguma atividade como pública, extraí-la da livre atividade econômica e publicizá-la.

Na doutrina de Dinorá Adelaide Musetti Grotti, da qual adiro sem ressalvas:

> Disto deflui que não há um serviço público por natureza ou por essência. Só o serão as atividades que estiverem definidas na Constituição Federal — ou na própria lei ordinária, desde que editada em consonância com as diretrizes ali estabelecidas —, decorrendo, portanto, de uma decisão política.[46]

Nos róis dos arts. 21, 23 e 30 da Constituição Federal encontram-se fartos exemplos da estima

---

[44] "Propriedade privada".
[45] "Livre concorrência".
[46] *Op. cit.*, p. 88.

constitucional à liberdade, pois serviços públicos são os que se prescrevem textualmente. Se ali não se encontram, se por lei não passam à titularidade pública, são então livres à iniciativa privada.

Claro que a definição de uma atividade como pública, pela Constituição ou por lei, não encerra à Administração Pública o *domínio* e a liberdade sobre o destino do serviço. A liberdade que se assegura é a do cidadão, não a do Estado. Exige-se lei — Constituição ou lei formal — para identificar a *titularidade* do serviço ao Estado, mas ele não se torna *proprietário* da tarefa que por ser pública lhe impõe o esmerado exercício. Em clássica lição de Ruy Cirne Lima, "Em direito público, designa, também, a palavra 'administração' a atividade de quem não é senhor absoluto";[47] pois

> O fim, — e não a vontade, — domina tôdas as formas de administração. Supõe, destarte, a atividade administrativa a pré existência de uma regra jurídica, reconhecendo-lhe uma finalidade própria. Jaz, conseqüentemente, a administração pública debaixo da legislação, que deve enunciar e determinar a regra de direito.[48]

---

[47] *Princípios de direito administrativo*, p. 21.

[48] *Op. cit.*, p. 22.

A *liberdade* assegurada no Estado de Direito — seja Liberal, Social, ou Social e Democrático — é em *função* do cidadão. A Administração Pública é titular de *missões públicas* — tarefas constitucionais que lhe são atribuídas para atender a quem o poder pertence, o povo.[49] A ele, Poder Público, não há liberdade, mas o dever de consagrar o interesse público.

Como foi visto em capítulos anteriores, o Estado de Direito Liberal, por si, torna-se insuficiente à realização da própria virtude que tanto preza, a *liberdade*. A seu pretexto, se o Estado desfaz-se do serviço público para que as atividades de primordial relevância à sociedade — como educação, saúde, transporte público, energia elétrica, saneamento básico e outras mais — sejam prestadas por particulares, se o Estado posta-se exclusiva ou mesmo preponderantemente na figura de mero *agente regulador* e compactua com este esgarçar da titularidade de tarefas eminentemente sociais, então o excesso de homenagem à liberdade transmuta-se em óbice impeditivo a

---

[49] Art. 1º, parágrafo único, da Constituição Federal: "Todo o poder emana do povo, que o exerce por meio de representantes eleitos ou diretamente, nos termos desta Constituição".

alcançar-se a igualdade; a fraternidade, então, não pode sequer ser sonhada.

5.2 Serviço público e igualdade

O positivismo é uma corrente filosófica, e com repercussões em diversas áreas do conhecimento humano, que se desenvolveu na segunda metade do século XIX. Sob a orientação do empirismo, considera-se apto ao conhecimento humano apenas o quanto se pode apoiar exclusivamente sobre as observações do mundo sensível. Auguste Comte, o fundador desta escola filosófica, formulou-a ao influxo da premissa que denominou por *lei dos três estágios*: o estágio teológico representa a infância da humanidade, o metafísico a juventude, e o positivismo a maturidade. É a crença no suposto purismo científico o cerne da elaboração dos princípios positivistas, o que conduz ao *reducionismo*, à convicção de que todos os fenômenos são frutos de sistemas, e a despeito de complexos, sempre são decompostos em partes mecânicas e materiais, e só na medida em que apuradas, constatadas e demonstradas é que devem ser aceitas como conhecimento legítimo. Daí a denominação "positivismo", pois se restringe ao que é positivamente dado e aferível pelos sentidos.

Três são os positivismos que podem ser identificados: o sociológico ou clássico, o lógico e o jurídico.

O primeiro, introduzido no parágrafo precedente, é a pretensão de subordinar as ciências sociais à matemática, à física, às ciências naturais em geral. A realidade é o elemento regente do conhecimento, e afora ela admite-se como exceção à abstração apenas a matemática e a lógica porque a universalidade destas em muito se assemelharia, acreditava-se, às próprias experiências sensíveis. As virtudes, e a moral em geral, são relegadas para o plano irracional, o que franqueia o relativismo na definição dos valores.

O positivismo lógico, adotadas as mesmas premissas, direciona-se à purificação da linguagem, ao desprendimento das formulações metafísicas.

O positivismo jurídico, nesta toada, caracteriza-se por despojar do direito os juízos de valor, elementos sociológicos, e nesta orientação enfatiza-se o formalismo; o direito é o quanto produzido por uma autoridade constituída segundo uma norma de competência superior, e os valores contidos no comando prescritivo são irrelevantes porque sendo subjetivos são estranhos à ciência jurídica. Clássica referência ao positivismo jurídico é a *teoria pura do direito* de Hans Kelsen; ao propugnar ele a pureza metodológica da ciência do direito reduz a norma jurídica ao fundamento de validade que atribui certa competência a determinada autoridade para, em uma relação hierárquica e escalonada, piramidal, emitir outra norma jurídica. O direito neste prisma dinâmico o é apenas e exclusivamente enquanto modelo formal. As normas apenas se limitam a atribuir competências. Não importa, para este modelo de ciência, qual o seu *conteúdo*.

No início do século XX, a intensa influência do positivismo clássico levaria um notável jurista do direito administrativo francês, Léon Duguit, a desenvolver a *Escola do Serviço Público*. Em alinho ao modelo do Estado Social, o realismo jurídico que orienta esta doutrina firma-se na apuração empírica das necessidades sociais. O serviço público, por esta proposta, é o próprio fundamento e legitimação do Estado — é a fundamentação para uma teoria do Estado. Na análise de Dinorá Musetti Grotti, para Duguit (...) "o Direito não é uma criação do Estado; é a resultante objetiva de uma situação social determinada em dado momento histórico e, por isso, mutável de acordo com ela".[50] O serviço público não é formulado abstratamente, mas constatado fisicamente, é o necessário à interdependência social.

A proposta de Duguit tem por grave deficiência a insegurança jurídica, pois o direito — e o serviço público — erigem-se por estudos sociológicos. Por isto, nesta época, outras escolas mais se desenvolvem, como a de Gastón Jèze que associa o serviço público ao procedimento de direito público, e assim enfatiza a relevância do regime jurídico para a sua concepção, e ainda a relação entre poder e interesse público na teoria da instituição de Maurice Hauriou que são determinantes para definir o que é o serviço público.

Em comum a estas proposições, no entanto, é o escopo da *igualdade*, comprometimento definidor do próprio Estado Social.

O serviço público é percebido como uma atividade cujo contorno jurídico deve ter por principal preocupação mais do que o respeito à

---

[50] *Op. cit.*, p. 32.

liberdade dos cidadãos — apenas por lei deve ser possível retirar da livre iniciativa certa tarefa para ser titularizada pelo Estado —; todos os esforços envidados, as mais variegadas linhas que se desenvolvem na doutrina — Duguit, Jèze, Hauriou e outros — tem por destino a redução das desigualdades, a promoção de oportunidades para minimizar as diferenças sociais. Enfim, quer-se o Estado, em suas ações, um tanto mais equânime.

Liberdade e igualdade não se revelaram suficientes por quanto expus nos capítulos precedentes. O serviço público como instrumento eficiente a estas virtudes só poderia ter a capacidade almejada se redefinido em uma estrutura jurídico-política que o contemplasse como recurso a outro valor que àqueles se associasse para reafirmá-los e juntos fossem aptos à promoção da ansiada justiça social; é preciso, insisto, a fraternidade.

5.3 Serviço público e fraternidade

A Constituição da República Federativa do Brasil, promulgada em 05 de outubro de 1988, afirma em seu preâmbulo — sob destaques que faço:

> Nós, representantes do povo brasileiro, reunidos em Assembléia Nacional Constituinte

para instituir um Estado *Democrático*, destinado a assegurar o exercício dos *direitos sociais e individuais*, a *liberdade*, a segurança, o bem-estar, o desenvolvimento, a *igualdade* e a *justiça* como valores supremos de uma *sociedade fraterna, pluralista e sem preconceitos*, fundada na harmonia social e comprometida, na ordem interna e internacional, com a solução pacífica das controvérsias, promulgamos, sob a proteção de Deus, a seguinte Constituição da República Federativa do Brasil.

Assevera-se ser um Estado *Democrático*. Quer-se expressamente a *liberdade* (liberdade de consciência, de pensamento, livre-arbítrio, liberdade de opinião, de ação, para reunir-se, escolher uma profissão), reconhece-se, entendo assim, que *a liberdade é relacional*, com o outro, portanto se quer a *igualdade*, imanente à *justiça*, duas entre outras — ainda com a *liberdade* — virtudes que são constitucionalmente qualificadas como "valores supremos" para o próximo objetivo anunciado: uma *sociedade fraterna, pluralista e sem preconceitos*.

Dos "valores supremos" relacionados, os que trato neste ensaio é que retomo a assinalar: a liberdade e a igualdade. Ambos em pertinência lógica e essencial à fraternidade, indispensáveis à formação de uma sociedade fraterna. Ou na lúcida e singular reflexão de José Afonso da Silva ao comentar o preâmbulo, "O 'uma', determinante da sociedade, importa denotar que só 'uma' sociedade fraterna, pluralista e sem preconceitos incorpora aqueles valores e, reciprocamente, só numa sociedade de tal tipo é que eles vigem".[51]

São as simultâneas implicação e dependência destas virtudes que a Constituição Federal de 1988 expressamente reconhece, positiva-as, tornam-se, estas considerações *jus*-filosóficas, em redações prescritivas, imperativos autorizantes porque *normativamente impõem* — por consequência, *autorizam* a exigir o cumprimento — aos cidadãos individualmente, ao povo em geral, ao Estado, impõem a liberdade, a igualdade e a fraternidade. Sem elas, não há justiça.

Retomo José Afonso da Silva:

> Agora, cabe apenas observar que, optando por uma "sociedade fraterna", a Constituição pretende construir uma sociedade fundada no sentimento de irmandade — ou seja, uma sociedade cujos membros e grupos, a despeito de

---

[51] *Comentário contextual à Constituição*, p. 23.

suas divergências, hão de buscar a realização da "harmonia social da Nação".[52]

Como expus linhas atrás, especificamente no capítulo no qual trato da fraternidade, esta virtude é a comunhão em irmandade na sociedade, é o perdão, a oportunidade de recomeço, a solidariedade ao menos favorecido, são as ações nas quais, a despeito das nossas desigualdades e do respeito à liberdade, reconhecemo-nos iguais por pertencermos à mesma humanidade.

O Estado de Direito Democrático é ainda prescrito no *caput* do primeiro artigo da Constituição. A cidadania, no segundo inciso deste dispositivo, é condição à realização da democracia, e a dignidade da pessoa humana, no inciso seguinte, é o reconhecimento à condição imanente a todo e qualquer ente dotado de razão, independentemente da raça, cor, sexo ou idade. A dignidade da pessoa humana, um dos fundamentos deste Estado fundado, motiva o primeiro objetivo fundamental da República Federativa do Brasil posto no art. 3º: a construção de uma sociedade livre, justa e solidária.

---

[52] *Op. cit.*, p. 24.

Sociedade livre, justa e solidária significa *liberdade, igualdade* e *fraternidade*. A remissão ao preâmbulo é inevitável, como em leitura contextual faz José Afonso da Silva:

> Este artigo [art. 3º] relaciona-se com as promessas do Preâmbulo, pois "construir uma sociedade livre, justa e solidária" corresponde a formar uma sociedade dotada dos valores supremos dos direitos sociais e individuais, tais a liberdade, a segurança, o bem-estar, o desenvolvimento, a igualdade e a justiça — que é aquela sociedade fraterna, pluralista e sem preconceitos e fundada na harmonia social.[53]

E uma sensível particularidade deste dispositivo (art. 3º, I) não passou despercebida por este nobre constitucionalista. Inicia-se o comando com a palavra "construir", o que significa:

> "Construir", aí, tem sentido contextual preciso. Reconhece que a sociedade existente no momento da elaboração constitucional não era livre, nem justa, nem solidária. Portanto, é signo lingüístico que impõe ao Estado a tarefa de construir não a sociedade — porque esta já

---

[53] *Op. cit.*, p. 46.

existia —, mas a liberdade, a justiça e a solidariedade a ela referidas.[54]

O Estado de Direito Social e Democrático — inequivocamente acolhido em nosso país por meio da Constituição Federal de 1988 —, é então a oportunidade histórica de rever e reconquistar, de reafirmar a liberdade e a igualdade, e pela primeira vez realmente se comprometer com a fraternidade.

Neste cenário, o serviço público é concebido em uma representação singular. As atividades que diretamente se relacionam à promoção — ou em palavra mais precisa, à "construção", como adverte José Afonso da Silva — de uma sociedade livre, que se compromete com a igualdade, que quer ser fraterna, e deste modo assegurar a dignidade da pessoa humana, estas atividades são definidas como missões públicas, tarefas cuja titularidade é reservada ao Estado, são *serviços públicos*. Nas letras de Celso Antônio Bandeira de Mello:

> Sabe-se que certas atividades (consistentes na prestação de utilidade ou comodidade "material") destinadas a satisfazer a "coletividade em

---

[54] *Op. cit.*, p. 46.

geral", são qualificadas como serviços públicos quando, em dado tempo e lugar, o Estado reputa que "não convém relegá-las simplesmente à livre iniciativa; ou seja, que não é socialmente desejável fiquem tão só assujeitadas à fiscalização e controles que exerce sobre a generalidade das atividades privadas"[55] (...).

Para além dos fundamentos e objetivos prescritos ao nosso Estado,[56] os serviços públicos foram alçados a competências — entenda-se, então e sempre, em *deveres* do Estado — atribuídas aos entes federativos,[57] instrumentos irrenunciáveis e indispensáveis à realização da *fraternidade*.

Se à reafirmação da liberdade e da igualdade o Estado de Direito Social e Democrático identifica-se pela descoberta da fraternidade, no que se refere a uma particular expressão desta virtude, a *solidariedade*, o serviço público é o instrumento por excelência.

Nesta ambiência, o *direito ao serviço público* compõe-se, a um só tempo, dos *direitos fundamentais de segunda dimensão*, porque dizem respeito à

---

[55] *Curso de direito administrativo*, p. 670.
[56] Arts. 1º e 3º da Constituição Federal.
[57] Arts. 21 *et seq.* da Constituição Federal.

implementação da justiça social, e dos *de terceira dimensão*, pois as titularidades difusa e coletiva significam asseverar que nós, o gênero humano, acima de nossas desigualdades, somos iguais, devemos ser *fraternos*.

A fuga do Estado, do direito administrativo ao direito privado, a transmutação do papel de titular do serviço público para simples agente regulador de um mercado no qual estes serviços essenciais são tratados como mercadorias ao talante da perseguição por maior lucratividade, levam à crise da própria noção de Estado Social, como argutamente observa Paulo Roberto Ferreira Motta.[58]

A formatação norte-americana no tratamento da matéria, a noção de *public utilities* na qual, sob inspiração neoliberal, as atividades, mesmo as de interesse social, remanescem com a iniciativa privada e o Estado limita-se a impor normas de regulação que embora cuidem do ingresso no mercado, padrões de competição entre os concorrentes, sobretudo quanto à qualidade do serviço e o seu preço, mesmo que em certa medida tenha influenciado a própria União Europeia ao

---

[58] MOTTA. *Regulação e universalização dos serviços públicos*, p. 127, 138.

disciplinar os *serviços de interesse econômico geral*, igualmente livres à iniciativa privada, ainda que sujeitos a uma intensa regulação estatal, estes modelos (*public utilities* e *serviços de interesse econômico geral*) não se comprometem com a *fraternidade*. E ainda de fundamental importância, não foram os eleitos pela Constituição da República Federativa do Brasil de 1988.

Do quanto apresentei, e em especial a estreita relação entre os fundamentos e os objetivos prescritos ao país com a titularidade de atividades ao Estado, não apenas a liberdade e a igualdade, mas desta vez, por uma revolução tupiniquim — mesmo sob as inspirações de experiências e pensadores estrangeiros —, a *fraternidade* é afirmação constitucional, e a ela assujeitada, por opção (sábia) do constituinte originário, o serviço público.

Carlos Ayres Britto alcunha o formato contemporâneo elaborado pelo direito constitucional de "Estado de Justiça" ou "Estado holístico", em essência (...) "um Estado de funcionalidade fraternal".[59] Pois transcende o Estado Social, mas não o refuta — em equilíbrio entre a processualidade *heraclitiana* e a imobilidade *parmenidiana*,

---

[59] *Teoria da Constituição*, p. 210.

conforme assinala o poeta, jurista e Ministro do Supremo Tribunal Federal. Agregam-se à liberdade e ao socialismo ainda uma "dimensão das ações estatais afirmativas", como as atividades de promoção de oportunidades aos segmentos desfavorecidos historicamente, como os negros, deficientes físicos, as mulheres, além da promoção ao meio ambiente ecologicamente equilibrado, à democracia e outros tantos compromissos afinados com a promoção de um Estado mais justo.[60]

Um Estado fraterno, síntese das etapas anteriores, reafirmativo da liberdade e da igualdade, revelador de um desejo alçado a imperativo jurídico do mais alto escalão, pois grafado com a estatura constitucional de procedência do Poder originário e como objetivo fundamental inaugural da República brasileira,[61] e que se perfaz com a coerente assunção pelo Estado das competências inequivocamente atribuídas de ser titular e promover, nos termos previstos,[62] um dos mais eficientes instrumentos à realização da fraternidade, o serviço público.

---

[60] *Op. cit.*, p. 216-217.
[61] Art. 3º, I, da Constituição Federal.
[62] Arts. 21, 30, V, entre outros, em sistemática interpretação com o art. 175, todos da Constituição Federal.

Referências

ANDRESS, David. *O terror*: guerra civil e a revolução francesa. Tradução de Clóvis Marques. Rio de Janeiro: Record, 2009.

ARISTÓTELES. *Ética a Nicômacos*. Tradução de Mário da Gama Kury. 4. ed. Brasília: Ed. UnB, 2001.

BANDEIRA DE MELLO, Celso Antônio. *Curso de direito administrativo*. 27. ed. São Paulo: Malheiros, 2010.

BONAVIDES, Paulo. *Teoria do Estado*. 6. ed. São Paulo: Malheiros, 2007.

BRITTO, Carlos Ayres. *O humanismo como categoria constitucional*. Belo Horizonte: Fórum, 2007.

BRITTO, Carlos Ayres. *Teoria da Constituição*. Rio de Janeiro: Forense, 2006.

DALLARI, Dalmo de Abreu. *A Constituição na vida dos povos*: da Idade Média ao século XXI. São Paulo: Saraiva, 2010.

DI PIETRO, Maria Sylvia Zanella. *Supremacia do interesse público e outros temas relevantes do direito administrativo*. São Paulo: Atlas, 2010.

FERRAZ JUNIOR, Tercio Sampaio. *Estudos de filosofia do direito*. 3. ed. São Paulo: Atlas, 2009.

GALLO, Max. *Revolução francesa*: às armas cidadãos! (1793-1799). Tradução de Júlia da Rosa Simões. Porto Alegre: L&PM, 2009. v. 2.

GALLO, Max. *Revolução francesa*: o povo e o rei (1774-1793). Tradução de Júlia da Rosa Simões. Porto Alegre: L&PM, 2009. v. 1.

GROTTI, Dinorá Adelaide Musetti. *O serviço público e a Constituição brasileira de 1988*. São Paulo: Malheiros, 2003.

HESSEN, Johannes. *Filosofia dos valores*. Tradução de Luís Cabral de Moncada. 5. ed. Coimbra: Armênio Amado, 1980.

HUGO, Victor. *Os miseráveis*. Tradução de Frederico Ozanam Pessoa de Barros. São Paulo: Cosac & Naify, 2002.

KANT, Immanuel. *Crítica da razão prática*. Tradução de Valério Rohden. São Paulo: Martins Fontes, 2003.

KIERKEGAARD, Soren. *O conceito de angústia*. Tradução de Álvaro Luiz Montenegro Valls. Petrópolis: Vozes, 2010.

LIMA, Ruy Cirne. *Princípios de direito administrativo*. Porto Alegre: Sulina, 1964.

LOSANO, Mario Giuseppe. *Sistema e estrutura no direito*. Tradução de Luca Lamberti. São Paulo: Malheiros, 2010. 2 v.

MARITAIN, Jacques. *A filosofia moral*. Tradução de Alceu Amoroso Lima. 2. ed. Rio de Janeiro: Agir, 1973.

MONTESQUIEU. *O espírito das leis*. Tradução de Cristina Murachco. São Paulo: Martins Fontes, 2005.

MOTTA, Paulo Roberto Ferreira. *Regulação e universalização dos serviços públicos*: análise crítica da regulação da energia elétrica e das telecomunicações. Belo Horizonte: Fórum, 2009.

PLATÃO. *A república*. Tradução de J. Guinsburg. São Paulo: Perspectiva, 2006.

RICOEUR, Paul. *O justo*. Tradução de Ivone Benedetti. São Paulo: Martins Fontes, 2008. 2 v.

SILVA, José Afonso da. *Comentário contextual à Constituição*. 3. ed. São Paulo: Malheiros, 2007.

ZOJA, Luigi. *O pai*: história e psicologia de uma espécie em extinção. Tradução de Péricles Pinheiro Machado Jr. São Paulo: Axis Mundi, 2005.

ÍNDICE DE ASSUNTO

página

A

Ações estatais afirmativas 123
Administração Pública 105, 108, 109
Agente regulador 121
Amor 94
Antigo testamento 35
Assembleia Nacional 69
Autoridade paterna 33, 34
Autoritarismo 71, 72, 77

B

Bastilha 23, 29, 31, 68, 84
Branco (cor) 64

C

Cidadania 117
Constituição Federal (1988) 23, 25, 39, 101, 102, 105-107, 109,
114, 116-119, 122, 123
Cordeliers 29, 69
Cristianismo 36, 52
Crítica 48
Cultura grega 34, 35

D

Declaração Universal dos Direitos Humanos 96
Decreto 85
Decretos ventôse 86
Despotismo 32
- Esclarecido 37, 84
Determinismo 54
Deus 34, 38, 53
Direito de propriedade 87

página

E

Empirismo 110
Escola
- De Marte 89
- Do Serviço Público 112
Estado de Direito 22, 29, 31, 39, 40, 58, 76, 85,
96, 102-104, 106, 107, 109
- Liberal 54, 57, 76, 90, 92, 105, 109
- Social e Democrático 24, 90, 96, 101-123
Estado de Polícia 32, 33, 37, 39, 58, 76
Estado Social 22, 24, 39, 76, 77, 101, 109, 112, 113, 121, 122
Estados Gerais 68
- Primeiro Estado 68
- Segundo Estado 68
- Terceiro Estado 68, 69

F

Filme 43, 63, 64, 82
- A fraternidade é vermelha 81
- A igualdade é branca 63
- A liberdade é azul 43, 74
Filosofia 51
França 29, 43, 104
- Bandeira 29, 30
Fraternidade 23, 24, 30, 40, 81-97, 110, 114-123

G

Girondinos 69, 70
Grécia antiga 50, 66

I

Idade Média 37, 38
Igreja Católica 36
Igualdade 23, 24, 30, 60, 63-77, 84, 85, 90-92,
96, 110-116, 119, 120, 122, 123
Iluminismo 32, 33, 40
Império Romano 36
Indiferença 74, 75, 77
Individualidade 50

Índice de Assunto | 129

página

J
Jacobinos 29, 69
Justiça 24, 67, 68, 94, 116
- Corretiva 66
- Distributiva 65

L
Lei
- De 22 de prairial 57
- Dos suspeitos 55-57
- Dos três estágios 110
Lettre de cachet 58
Liberdade 23, 24, 30, 40, 43-60, 76, 84, 85, 89-92,
96, 102-110, 114-116, 119, 120, 122, 123
- Absoluta 59
- Natural 35, 59
- Relacional 59, 115
- Subjetiva 52
Livre-arbítrio 52-54, 59, 106, 115

M
Massacres de setembro 82
Missões públicas 109
Modelos 23
Monarquia 29, 32, 39, 56, 57, 68, 69, 84, 85
Mulheres 56, 57, 85

O
Os miseráveis (obra) 75

P
Pecado 53
Perdão 90, 117
Perseguição religiosa 46
Poder
- Contencioso 104
- Graciosos 104
Positivismo 110
- Jurídico 111, 112

página

- Lógico 111
- Sociológico ou clássico 111, 112
Princípio da Legalidade 105
Public utilities 121, 122

R
Razão 94
Reducionismo 110
Régua de Lesbos 66
Referências 23
Revolução Francesa 21, 22, 29, 31, 43, 45, 48, 54, 56, 85, 93, 102, 103
- Violência 83, 87, 88

S
Serviço público 24, 97, 101-123
- Fraternidade 114-123
- Igualdade 110-114
- Liberdade 102-110
Soberania 37, 38
Solidariedade 97, 117
Subjugação 51, 58

T
Teoria pura do direito 112
Terror 50, 57, 65, 71, 75, 87-89
Titularidade 103, 104, 108, 109, 121
Tribunal Revolucionário 70

U
Utopia 73

V
Virtude 23, 52, 65, 67, 68, 89

Índice Onomástico

página

A

Andress, David 58, 83
Aristóteles 24, 65, 67, 72

B

Bandeira de Mello, Celso Antônio..119
Beznos, Clovis 23
Bonavides, Paulo 37
Brissot, Jacques-Pierre 69
Britto, Carlos Ayres 95, 122

C

Calas, Jean 45-47
Charlemagne, Imperador, 742-814 [Carlos Magno] 37
Chávez, Hugo 77
Comte, Auguste 110
Confúcio 92
Constantino I, Imperador de Roma 36

D

Dallari, Dalmo de Abreu 36, 37
Danton, Georges 69, 70, 88
Duguit, Léon 112-114

E

Erasmo 53

F

Ferraz Junior, Tercio Sampaio 50, 52
Franco, Francisco 76

G

Gabardo, Emerson 75

página

Galileu 53
Gallo, Max 30
Gil, Meilán 102
Grotti, Dinorá Adelaide Musetti 102, 103, 107, 122

H
Hachem, Daniel 75
Haurion, Maurice 113, 114
Hegel, Georg W. F. 49
Hobbes, Thomas 59
Hugo, Victor 43, 75, 81

J
Jefferson, Thomas 58
Jéze, Gastón 113, 114

K
Kant, Immanuel 48, 93
Kelsen, Hans 112
Kepler, Johannes 53
Kierkegaard, Soren 95
Kieslowski, Krzysztof 43, 44, 63, 71, 74, 81, 91

L
Lima, Ruy Cirne 108
Locke, John 35, 49
Losano, Mario Giuseppe 71
Luis XV, Rei da França, 1710-1774 45
Luis XVI, Rei da França, 1754-1793 ....69, 84
Lutero, Martinho 53, 54

M
Maillard, Stanilas 84
Marat, Jean-Paul 70
Maritain, Jacques 93
Momoro, Antoine 30
Montesquieu, Charles de Secondat 72
More, Thomas 73
Motta, Paulo Roberto Ferreira 121

página

N
Newton, Isaac 53

P
Palasí, Villar 103
Paulo, Apóstolo, Santo [Paulo de Tarso] 52, 94
Platão 24, 51

R
Rawls, John 67
Resweber, Jean-Paul 23
Ricouer, Paul 90
Robespierre, Maximilien 69, 70, 87, 88
Rousseau, Jean-Jacques 102, 103

S
Salazar, Antonio de Oliveira 76
Silva, José Afonso da 116, 118, 119
Sócrates 51

V
Vargas, Getúlio 77
Voltaire 45-47

W
Westermann, François Joseph 88

Z
Zaratustra 52
Zoja, Luigi 33

Esta obra foi composta em fonte Palatino Linotype, corpo 12
e impressa em papel Offset 75g (miolo) e Supremo 250g (capa)
pela Edelbra Gráfica Ltda.
Erechim/RS, junho de 2012.